BRETT UND STEIN
VERLAG

JOHN FAIRBAIRN
KATO SHIN

DIE PARTIEN DES GROSSEN SENCHI. YASUI VII SENKAKU

BRETT UND STEIN
VERLAG

Titel der englischen Originalausgabe:
Peerless Pioneer.
Games of the Great Senchi: Yasui VII Senkaku

Bibliografische Information der Deutschen Nationalbibliothek
Die Deutsche Nationalbibliothek verzeichnet diese Publikation in der Deutschen Nationalbibliografie; detaillierte bibliografische Daten sind im Internet über http://dnb.d-nb.de abrufbar.

Den japanischen Gepflogenheiten und der in Ostasien üblichen Reihenfolge entsprechend, wird bei Personennamen stets der Familienname dem persönlichen Namen vorangestellt.

ISBN 978-3-940563-25-5

Umschlaggestaltung: HAMMERGEIGEROT
Titelbild: Go, No. 2 from The Four Accomplishements. Yashima Gakutei, um 1810
Übersetzung: Gunnar Dickfeld
Druck: Books on Demand GmbH, Norderstedt

Die Diagramme in diesem Buch wurden erstellt mit SmartGo™: http://www.smartgo.com/de

Printed in Germany

Inhalt

Vorwort
Seite 7

Partiekommentar 1
Senkaku vs. Kono Mototora, 1792
Seite 11

Partiekommentar 2
Senkaku vs. Honinbo Genjo, 1803
Seite 21

Partiekommentar 3
Senkaku vs. Honinbo Retsugen, 1792
Seite 31

Partiekommentar 4
Senkaku vs. Inoue Intatsu Inseki, 1791
Seite 39

Partiekommentar 5
Senkaku vs. Kono Mototora, 1792
Seite 45

Partiekommentar 6
Senkaku vs. Hayashi Monetsu, 1806
Seite 53

Weitere Partien Senkakus
Seite 61

Yasui VII Senkaku (1764–1837) war kein Meijin, doch zählt er zu den meist gepriesenen Spielern der Edo-Ära. Nur wenige Partien, in denen er die schwarzen Steine führte, hat er verloren und auch mit Weiß fällt die Bilanz zu seinen Gunsten aus. Im Jahr 1780 nimmt er das erste Mal am Oshirogo, dem jährlichen Go-Wettkampf in der Burg des Shoguns, teil und gewinnt. In den weiteren Jahren bis 1796 entscheidet er sieben Partien für sich, nur zwei gehen verloren, eine weitere endete in Jigo. Diese Dominanz ließ erst in seinen späteren Jahren nach. 1810 nimmt er das letzte Mal an den Burgkämpfen, den Oshirogo, teil.

Senkaku wird heute als „Vater des Modernen Go" angesehen. Er war berühmt für seine Intuition und für seine Fähigkeit, weit vorauszurechnen. Und er wurde gefürchtet für seine Erfolge, den Gegner mit einem Schlag zu überrumpeln – in einer Zeit, in der aufgrund fehlender Zeitbeschränkungen Partien nur selten vorzeitig beendet wurden. Das Moderne Go zeigt sich in seinem sehr dem Zentrum zugewandten Stil und der regen Bereitschaft zu experimentieren. Otake Hideo hat einst erkennen lassen, dass sein Lehrer Kitani Minoru sehr von Senkakus Partien angetan war und diese als Grundlage für seine eigenen Experimente mit dem Neuen Fuseki in 1930-er Jahren heranzog.

Senkaku trug eine Zeit lang den Namen Yasui Senchi, aber auch sein Nachfolger Yasui Chitoku nahm diesen Namen an und war als Spieler hinreichend stark genug, um von sich reden zu machen. Daher ist es heute notwendig, die beien Spieler sorgsam voneinander zu unterscheiden. Eine Art, den älteren der beiden zu benennen, ist Yasui VII Senkaku, nach dessen von ihm bevorzugten Rufnamen im Ruhestand. Gleichermaßen gebräuchlich ist „Der Große Senchi". Der jüngere wird meist nur Yasui Senchi oder Yasui Chitoku genannt. Um zur Verwirrung beizutragen gab es noch einen früheren Yasui IV Senkaku. Der Einfachheit halber werde ich die Hauptperson, der dieses Buch gewidmet ist, Senkaku nennen.

Trotz seines Ruhmes sind kommentierte Partien von ihm rarer als sie es sein sollten. Das ist ein Grund für die Entstehung dieses Buches. Es basiert auf einer Reihe von Kommentaren zu alten Spielern, die im Magazin *Kido* in den 1930-Jahren von Kato Shin veröffentlicht wurden. Ich habe diese Kommentare übersetzt und leichte Änderungen editorialer Natur vorgenommen. Im Wesentlichen ist das die Umwandlung der verschiedenen aufgezeigten Varianten in einzelne Diagramme, die im Original für eine Vielzahl von Buchstaben im Diagramm des Partieverlaufs verantwortlich waren. Zudem habe ich den Partieverlauf ebenfalls in mehrere Diagramme unterteilt, sodass es leichter sein sollte, diesen zu folgen. (Und für den Fall, dass der Leser neu im Go ist, sei angemerkt, dass die Konventionen von Partiediagrammen einer Vereinfachung und bessere Lesbarkeit vorsehen, indem Züge deren Nummern über 100 oder 200 hinausgehen, dort wo es möglich ist, wieder beginnend mit 1 aufgeführt sind. Der Text mag also den Zug 215 erwähnen, während das zugehörige Diagramm diesen als 15 ausweist.)

Die kommentierten Partien wurden nicht in chronologischer Reihenfolge veröffentlicht, auch konnte ich keinen roten Faden ausmachen. Sie alle sind Spiele aus den Oshirogo, den Burgkämpfen. Das ist ihre einzige Verbindung.

Die dritte Partie, gespielt gegen Honinbo Retsugen, gilt als Senkakus größtes Meisterwerk. Diese Partie verdient eine deutlich intensivere Betrachtung und das Heranziehen eines wesentlich detaillierteren Kommentars als jenen von Kato, denn die Tiefe der Variationen ist beeindruckend. Doch Katos Leichtigkeit, mit der er die Partien bespricht, sind eine wunderbare Einführung zu Senkaku. Daher beschränke ich mich hier auf seinen Kommentar.

Wenn Sie auf den Geschmack gekommen sind und Senkaku intensiver studieren möchten, dann lege ich ihnen folgende Werke (alle in Englisch) ans Herz: Es gibt einen ausführlichen Kommentar der dritten Partie gegen Honinbo Retsugen in dem Buch *Appreciating Famous Games* von Ohira Shuzo (von mir übersetzt) und auch die *Go World* hat einige kürzere Kommentare zur fünften Partie gegen Kono Mototora veröffentlicht, sowie einige neuere Partien gegen Hayashi Yugen und weitere mit Honinbo Retsugen als Gegenspieler. Natürlich sind alle bekannten Partien von Senkaku in der GoGoD-Datenbank, ohne eine Kommentierung, enthalten.

Neben der Hoffnung, das Interesse für Senkaku wiederzubeleben, soll das vorliegende Buch aber auch Kato selbst mehr ins Licht rücken. Er ist vermutlich am besten bekannt für seinen Widerstand gegen die Einführung von Komi. „Komi-Go ist kein Go." lautet sein bedeutendes und vielfach bekundetes Bekenntnis. Diese Haltung zieht sich natürlich durch seine Kommentare historischer Partien. Er hat offensichtlich eine Sympathie für und die Einsicht in den alten Spielstil, was seine Anmerkungen und die Wahl der Schlüsselzüge authentischer erscheinen lässt. Während andere Spieler immer wieder betonen, dass es sich um Partien ohne Komi handelt, und daher gewisse Unterschiede zu beachten seien, übergeht Kato dies einfach und erwartet von uns, das ebenso als bekannt und gegeben hinzunehmen.

Dies trägt zu seiner Integrität bei, wie auch die Ablehnung seiner Promotion, auf deren Umstände weiter unten eingegangen wird.

Kato ist auch für seine Loyalität zu seinem Lehrer Hirose Heijiro bekannt. Er übernahm dessen Arbeiten als dieser einen Nervenzusammenbruch erlitt und sorgte dafür, dass die Geschäfte des Chuo Kiin am Laufen blieben. Auch für den Dienst eines Türstehers im Hauptquartier der Vereinigung im Marunouchi Gebäude war er sich nicht zu fein. Diese Geschichte und ihre Hintergründe werden in meinem Buch *Honinbo Shusei Defends the Nihon Kiin* erzählt.

All dies mag unseren Kommentator als einen altmodischen, den alten Werten verhafteten, betagten Mann aussehen lassen. Doch tatsächlich stand er an vorderster Front, Go an die neue Generation zu übergeben. Noch heute genießen wir die Früchte seiner Arbeit. Er war einer der wichtigsten Beitragenden für die *Kido,* für die er lange Erzählungen, interessante, nützliche und inspirierende Serien über Go-Technik veröffentlichte. Und über allem standen seine Kommentare zu einer vielfältigen Auswahl alter Partien. Dank seiner innovativen Artikel muss ihm zugeschrieben werden, das Konzept von *tewari* in die Amateurwelt eingeführt zu haben.

Kato wurde 1891 in Tokio geboren und lernte Go 1903 durch Zuschauen von seinem Vater. Vier Jahre später wurde er Schüler im Haus von Hirose, in dem er mit der Familie lebte und an den Aktivitäten der Hoensha teilnahm. 1908 wurde ihm der 1. Dan verliehen. Danach durchlief er die Ränge – mit einem für damalige Zeiten ungewöhnlichen Tempo – bis zum 6. Dan in 1921. Dank seiner gewissenhaften Arbeit für den Hoensha wurde er 1923 dessen Vizepräsident, arbeite für die Übergangsvereinigung Chuo Kiin und unterstützte schließlich 1924 den Zusammenschluss zum Nihon Kiin. Zusammen mit zahlreichen anderen Spitzenspielern lief er zur konkurrierenden Kiseisha-Vereinigung über. Unter Einmischung von Förderern kehrte er 1927 zum Nihon Kiin zurück. Dort erlangte er 1932 als erster im neuen Oteai-System den 7. Dan. Im gleichen Jahr durfte er sich mit Suzuki Tamejiro und Segoe Kansaku in einem speziellen 7-Dan-Turnier messen, dass von der Zeitung *Jiji Shinpo* ausgerichtet wurde.

Kato wurde 1939 auch der erste 8. Dan, der aus dem Oteai hervorgegangen ist. Die Umstände sind auf eine Partie zurückzuführen, die sein Gegner, Suzuki Tamejiro, nicht angetreten hat. Es wird gesagt, Suzuki hätte eine Krankheit vorgetäuscht, um die bereits absehbare Promotion seines Rivalen nicht mitansehen zu müssen.

Es ist bekannt, dass Kato die Promotion ablehnte obwohl er die notwendige Prozedur, um den Partie für sich zu reklamieren, bereits durchlaufen hatte. Das Nigiri war durchgeführt, er hatte die weißen Steine angenommen und den Sieg akzeptiert. Aufgrund des Krieges sind die Aufzeichnungen darüber ein wenig wirr. Es gibt eine Quelle, die sagt, dass die Partie gelegentlich nachgeholt und von Kato verloren wurde. Aber er erhielt den 8. Dan dann 1942. Iwamoto hingegen nennt das Jahr 1943 für die Beförderung, was durchaus passen kann, da die eigentliche Zeremonie erst im Oteai des Frühjahrs stattfand. In der *Kido* hingegen findet sich ein Verweis darauf, dass Kato den 8. Dan auf Empfehlung zahlreicher Spitzenspieler erhielt für viele Jahre verdienstvoller Arbeit. Wie dem auch sei, er hat die Auszeichnung in jedem Fall verdient. Etwas Glanz mag dem genommen worden sein, da Suzuki zur gleichen Zeit in den Rang des 8. Dan erhoben wurde und Kato, als der Ältere, diese Ehre zuerst hätte erhalten sollen.

Seine spätere Karriere wurde seit 1941 durch ein chronisches Rheuma erschwert. Er starb 1952. Sein jüngerer Bruder Tanaka Minaichi war ebenfalls ein bekannter Spieler bis zu seinem Rückzug 1984.

Hinweise für den Leser

Neuzeitliche Leser tun gut daran, sich noch einmal einige Aspekte vor Augen zu führen, die das Go in den drei Jahrhunderten bis 1868 ausmachten, also in der Zeit als Tokio noch Edo hieß.

Professionelles Go gab es damals schon in der Form der staatlichen Schirmherrschaft durch das Tokugawa Shogunat. Diese entsprach einer ähnlichen Unterstützung wie die der *daimyo*, der Feudalherren. Das Profisystem hatte sich im Wesentlichen in vier großen Häusern manifestiert. Die Familie der Honinbo war die einflussreichste und stärkste unter ihnen. Die anderen Häuser wurden von den Familien Inoue, Yasui und Hayashi geführt, die wiederum einzelne Familienzweige unter sich hatten. Das Familienoberhaupt, der festgesetzte Kronerbe sowie die Spieler des 7. Dan erhielten große Mengen Reis vom Staat. Ihre Hauptverpflichtung war es, in den jährlichen Burgkämpfen (wie in diesem Buch vorgestellt) in der Edo-Festung vor dem Shogun anzutreten. Nur wenige Shogune waren ernsthaft interessiert, viele betrachteten diese Veranstaltung als leidig notwendige Zeremonie. Für die Spieler jedoch stellten diese Spiele den Gipfel ihrer Karriere dar.

Während der restlichen Zeit nahmen die Familien Schüler an, spielten Lehrpartien und spielten für Mäzene und Förderer wie *daimyos* und Händler. Doch die Abstammung war wichtig, so wurden die besten Schüler häufig adoptiert als Nachfolger oder innerhalb der Familien transferiert (wie es auch mit unserem Protagonisten geschah). In solch einem System wurde der Familienname weitergegeben. Und da auch der gegebene Name weitergeführt wurde, ist es zum Teil sehr verwirrend zu wissen, von welchem Inoue Inseki jeweils die Rede ist. Meine Methode ist es, diese Oberhäupter wie Königliche zu behandeln und entsprechend mit römischen Zahlen zu versehen. So war unser Yasui VII Senkaku das siebente Oberhaupt und lässt sich vom fünften, Yasui V Senkaku, unterscheiden. Zudem gibt es die Vereinfachung, die gegebenen Namen zu verwenden, um historische Persönlichkeiten besser zu unterscheiden. Daher sprechen wir eher von Senkaku als von Yasui. Dies gilt ebenso für Spieler, die kein Oberhaupt waren. Zum Beispiel Senkakus Gegner in Partie 1, Kono Mototora, wurde üblicherweise Mototora genannt.

Darüberhinaus bestehen weitere Gründe für Verwirrung. Einer davon ist die Unsicherheit bei Japanern – bzw. deren Desinteresse – darüber, wie alte japanische Namen tatsächlich ausgesprochen werden. Kono Mototora kann auch als Kono Genko gelesen werden. Ein weiterer ist der Umstand, dass Namensänderungen sehr gebräuchlich waren, zum Beispiel beim Erreichen des Erwachsenenalters, bei Beförderung oder Antritt der Nachfolge. Oder auch nur für mehr Glück. Um Kono noch einmal als Beispiel heranzuziehen, er hieß ursprünglich Kono Toranosuke.

Altersangaben können ebenfalls verwirrend sein. Alle Angaben bei Kato folgen der orientalischen Zählung. Das westliche Pendant ist entweder ein oder zwei Jahre weniger. Hinzu kommt, dass er Daten im System des alten Mondkalenders mit Ära-Namen angibt. Ich habe daher die Übertragung in moderne Daten ergänzt. Eine weitere Änderung meinerseits ist die Ergänzung von weiteren Zügen, die man erst nach Katos Zeit entdeckt hat.

Die Rahmenbedingungen für die Spieler waren natürlich erheblich andere. Es gab keine Uhren und nahezu keinen Zeitdruck, sodass wirklich ernsthafte Partien mehrere Tage dauern konnten. Die Spieler nahmen sich so viel Zeit für einen Zug wie sie wollten. Dem Spieler mit Weiß, oder dem älteren Spieler, stand es zu, die Partie für die Nacht zu unterbrechen. Versiegelte Züge waren damals noch unbekannt. Gelegentlich wurden Partien bis in die Nacht hinein ausgetragen, wodurch sie mehr ein Wettbewerb im Durchhaltevermögen als einer der Spielfertigkeiten waren. Doch in aller Regel wurden Partien innerhalb eines Tages beendet.

Es gab keine Komi (die kleine Anzahl an Punkten, die Weiß als Entschädigung erhält, dass Schwarz den ersten Stein setzen darf), aber das bedeutet nicht, dass es keine Vorgaberegeln gab. Das alte Vorgabesystem ging davon aus, dass ein Wettbewerb zwischen zwei Spielern nicht als einzelne Partie sondern als Serie von zwei oder drei Partien gespielt wurde. Zwischen zwei Spielern mit einem Unterschied von einem Rang war die erste Vorgabe S-S-W. Das bedeutet, in einer Serie von drei Partien nimmt der schwächere Spieler zweimal Schwarz und einmal Weiß. War einer der Spieler erfolgreich und hat mehrere Spiele in Folge gewonnen, so wurde zwischen den beiden die nächste Vorgabe vereinbart. Dies diente auch dazu eine Forderung nach Promotion zu unterstützen.

Wenn dem stärkeren Spieler in unserem S-S-W-Szenario dies gelang, dann folgte die Vorgabe S. Der schwächere Spieler musste von nun an in allen Partien Schwarz nehmen. Wenn der schwächere Spieler sich durchgesetzt hätte, so wäre die Vorgabe ausgeglichen bzw. S-W im stetigen Wechsel (natürlich ohne Komi).

Das ist die Welt des Großen Senchi. Steigen wir nun ein in diese Welt und lassen Kato unseren Führer sein.

John Faibairn
London, August 2015

○ Senkaku vs. Kono Mototora ●

21. Dezember 1792 und 5. bis 7. Januar 1793
(Kansei 4 XI 8, 23-25)

Yasui VII Senkaku wurde 1764 geboren als Sohn von Sakaguchi Sentoku I. Sentoku war ein Schüler von Yasui V Senkaki, der den 8. Dan erlangte. Als Sentoku den 6. Dan inne hatte, nahm er als Oberhaupt eines kleineren mit den Yasui verbundenen Hauses an den Burgkämpfen teil. Später erhob man ihn in den Rang des 7. Dan.

Yasui VII Senkaku wurde, trotz seines leiblichen Vaters Sentoku, von Yasui VI Senkaku 7. Dan adoptiert. Ihm war der Name Senchi gegeben, aber als er die Nachfolge des Yasui-Oberhauptes antrat, übernahm er den Namen Senkaku.

Während der Anei- und Tenmei-Ära, die von 1772 bis 1789 reichte, zeigte Senkaku seine höchste Form. Im Jahr Kyowa 1 (1801) wurde ihm aufgrund von Empfehlungen schließlich der 8. Dan verliehen.

Es heißt, Senkaku zog bedeutende Schüler nicht nur aufgrund seiner glänzenden Fähigkeiten an, sondern auch weil er viel Energie darauf verwandte, seine Schüler zu unterrichten und so dazu beitrug, den Ruhm des Hauses Yasui zu mehren. Zu jener Zeit sah das Haus Honinbo ihr neuntes bis elftes Oberhaupt: Satsugen, Retsugen und Genjo.

Nachdem Senkaku die Führung des Hauses Yasui an seinen Nachfolger Nakano Chitoku (welcher den Namen Yasui VIII Senchi annahm) abgetreten hatte, zog er sich in das Haus seiner Familie Sakaguchi zurück. Hier lebte er bis zu seinem Tod 1837 und widmete sich der Ausbildung des Nachfolgers Sentoku II. Ich habe gehört, dass Honinbo Shuwa später über ihn sagte: „Wer die glanzvollen Partien dieser Ära betrachtet, wird keinen finden, der über Yasui VII Senkaku steht."

Das Wort glanzvoll ist sehr bezeichnend für seinen Stil. Gewiss ist dies ein wirklich angemessener Kommentar. Wenn wir uns seine Partien anschauen, dann erinnern sie uns an unser heutiges, sogenanntes Neues Fuseki. In mancher Hinsicht war Senkaku noch weitaus stärker. Ich denke, seine Partien werden noch lange Zeit als Vorbild dienen und ausführlich studiert werden.

Sein Gegenpart in dieser Partie, Kono Mototora, stammt aus Osaka und trug den ihm gegebenen Namen Toranosuke. Schon kurz nachdem er nach Edo kam, um ein Schüler des Hauses Honinbo zu werden, wurde ihm der 5. Dan verliehen. Seine Beförderung zum 6. Dan erfolgte im Jahr Tenmei 3 (1783). Seine Leistung als Spieler war gewichtig genug, um in den bedeutenden Burgkämpfen aufzutreten.

Figur 1

Beachtung verdienen das Takamoku (5-4) für Weiß 2 und daraufhin das Mokuhazushi (5-3) für Weiß 4. Sie stehen für Senkakus Stil und erlauben, den nächsten Punkt vorherzusagen: den hohen Eckeinschluss auf A.

Für Weiß 8 stehen verschiedene strategische Alternativen zur Wahl. Zum Beispiel kann er auf B drücken oder auf C herausspringen, um dann den Probezug auf D zu suchen.

Dennoch bliebe es schwierig, das richtige Verhältnis zu dem Stein 2 in der rechten unteren Ecke zu finden. Vernünftig ist daher die Wahl, mit 8 erst die Ecke einzuschließen und abzuwarten, wie Schwarz reagiert.

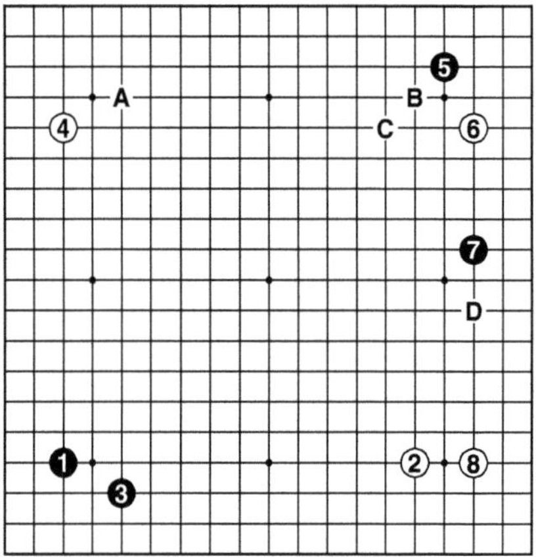

Figur 1 (1–8)

Figur 2

Für Weiß 12 wäre ein hoher Probezug auf A möglich. In diesem Ablauf würde Schwarz 12 oder B folgen.

Für den ersten Fall zeigt Diagramm 1 die übliche Fortsetzung. Im zweiten Fall wäre wohl das bekannte Joseki in Diagramm 2 wahrscheinlich.

Mit Weiß 12 in der Partie folgen nun jedoch Schwarz 13 bis 17, welche zu dieser Zeit als gewöhnliche Abfolge angesehen wurden.

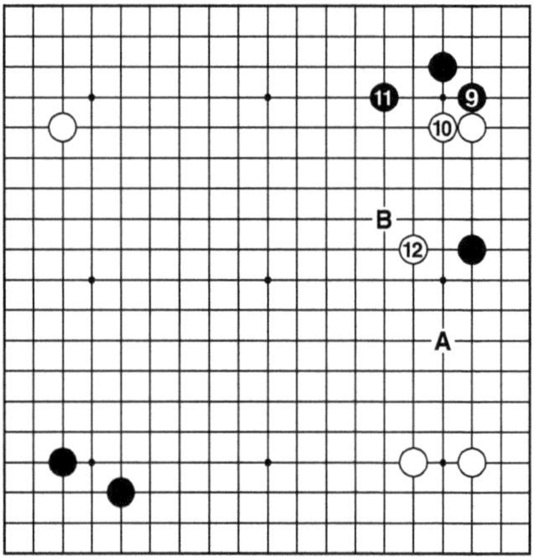

Figur 2 (9–12)

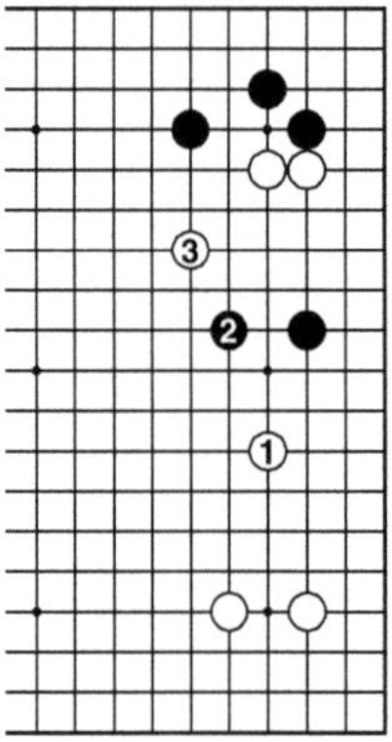

Diagramm 1

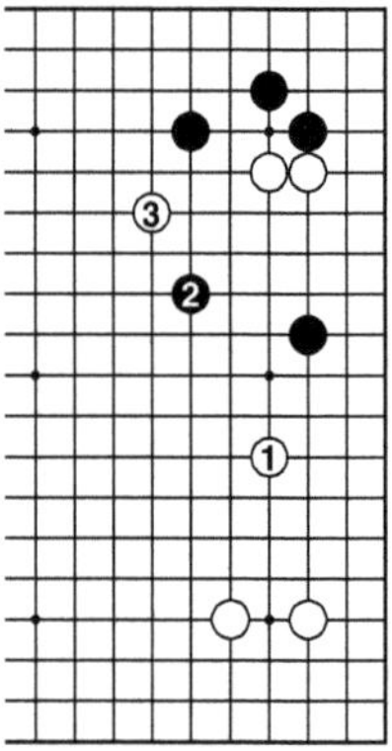

Diagramm 2

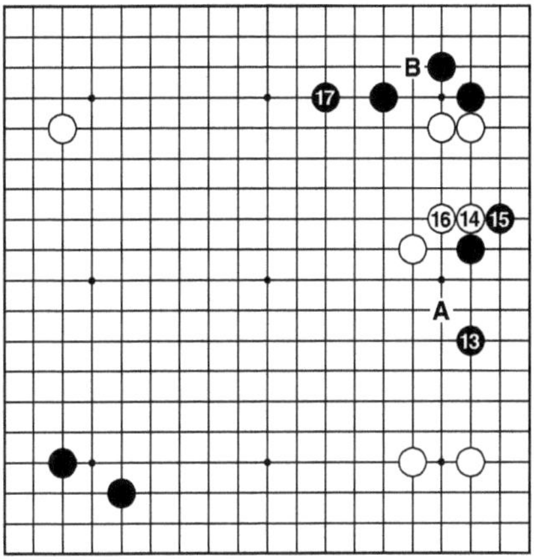

Figur 3 (13–17)

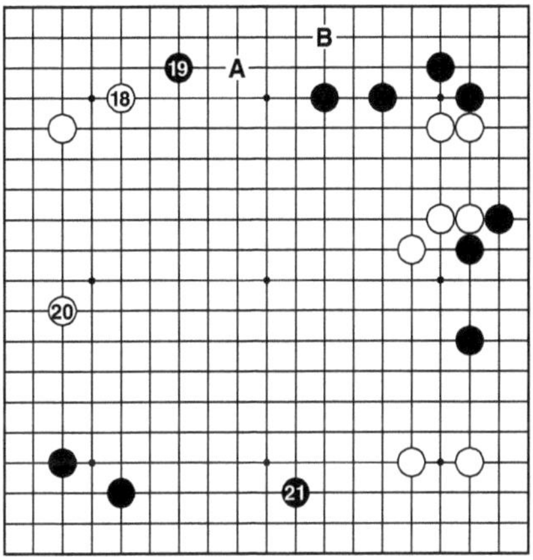

Figur 4 (18–21)

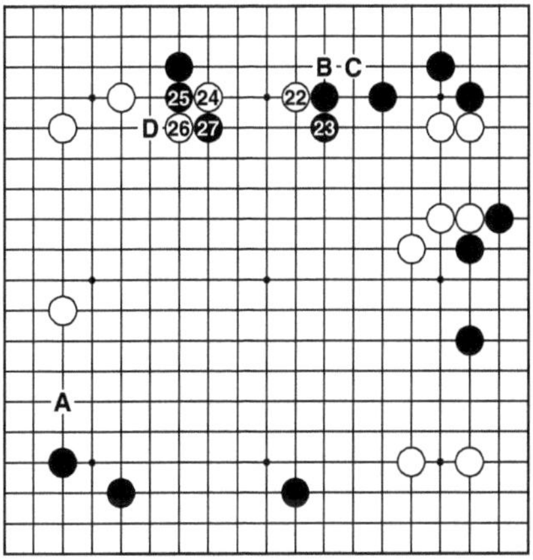

Figur 5 (22–27)

Figur 3

Schwarz kann statt 15 nicht das Hane innen auf 16 wählen, der Stein 13 müsste hierfür auf A liegen, um als Treppenbrecher bereit zu stehen.

Figur 4

Der hohe Eckeinschluss 18 erscheint ideal in dieser Position. Er droht eine Fortsetzung auf A an sowie eine weitere Fortsetzung mit dem Forcierzug B.

Schwarz 19 ist ebenso ein guter Zug, denn zum einen kommt er Weiß A und B zuvor, zum anderen erwirkt er das Miai aus den Punkten 20 und 21.

Figur 5

Das Anlegen auf 22 ist ein ausgezeichneter Zug. Der profane Zug wäre eine Ausdehnung auf A.

Schwarz 23 ist nur natürlich, denn unerträglich wäre es, Weiß B, Schwarz C und Weiß 23 zuzulassen.

Weiß 24 und 26 lassen deutlich die Opferstrategie erkennen, die auf ein ausgedehntes Moyo von der linken oberen Ecke über die linke Seite abzielt.

Würde Schwarz mit 27 das Hane auf D innen wählen, so wäre das Ergebnis wesentlich ungünstiger als der Verlauf der Partie, wie Diagramm 3 zeigt.

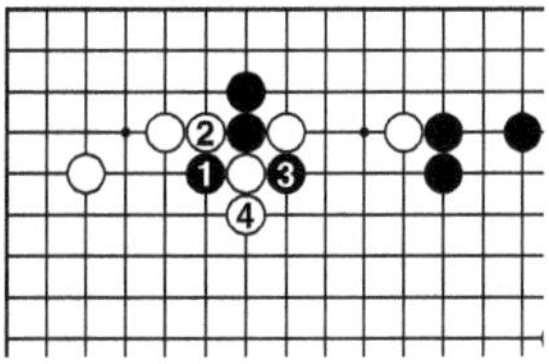

Diagramm 3

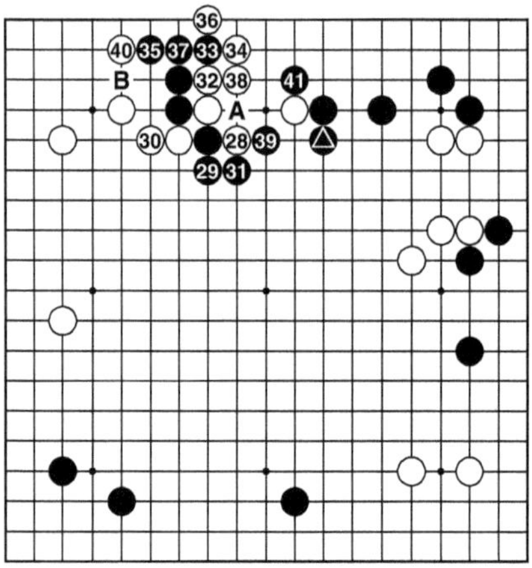

Figur 6 (28–41)

Figur 6

Schneidet Schwarz mit 31 auf A, dann wird Weiß ohne zu zögern mit 32 drücken.

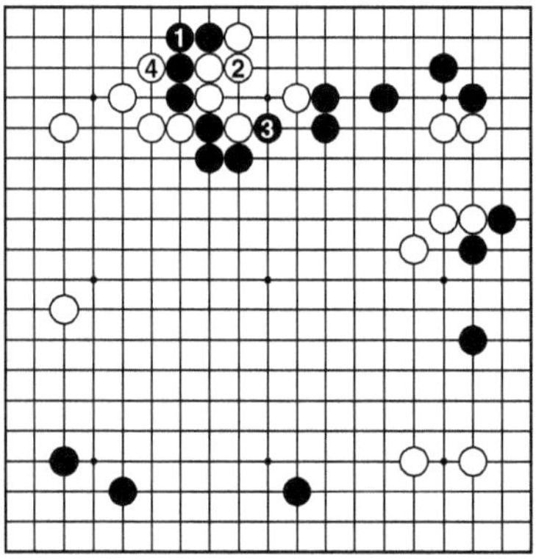

Diagramm 4

Schwarz 35 kann nicht auf 37 verbinden, siehe Diagramm 4.

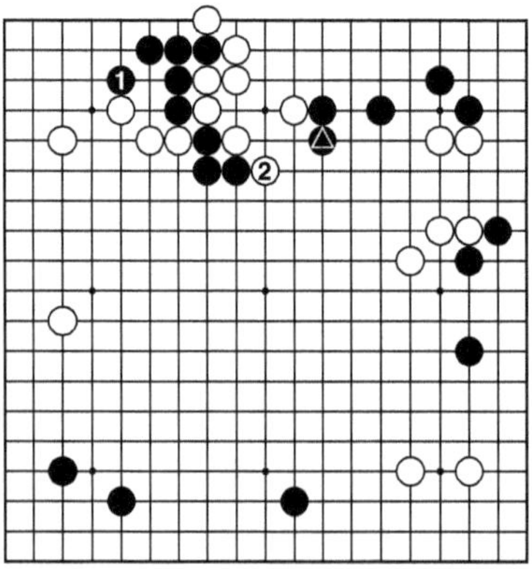

Diagramm 5

Sucht Schwarz mit 39 das Leben in der Ecke, dann erhält Weiß das Hane 2 in Diagramm 5.

Es ist zu beachten, dass Schwarz auf der rechten Seite dank des markierten Steins zwar sehr stark geworden ist, die weiße Position aber recht solide steht und diese Stärke nicht fürchten muss.

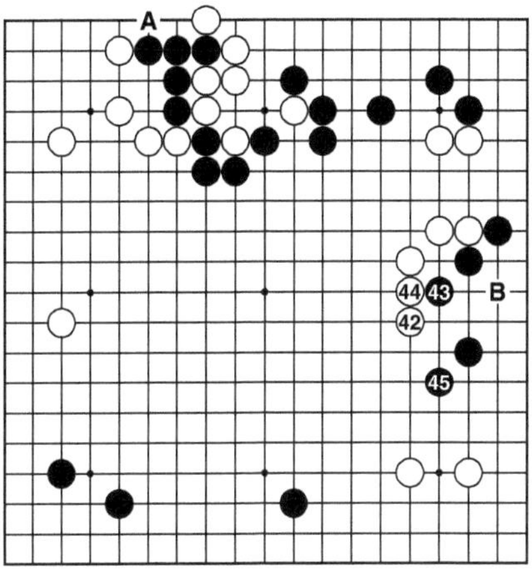

Figur 7 (42–45)

Figur 7

Weiß 42 stärkt die Stellung weiter. Lässt Weiß diesen Zug aus, um etwa den Punkt A zu nehmen, dann wird 42 auch ein guter Punkt für Schwarz.

Zu beachten ist, dass Weiß 42 auf den Punkt B abzielt.

Im Sinne guter Form ist Schwarz 45 durchaus unbefriedigend. Mit dieser Spielweise hält er sich einen Weg ins Zentrum offen, jedoch der Abtausch von 43 für 44 gehört vermieden.

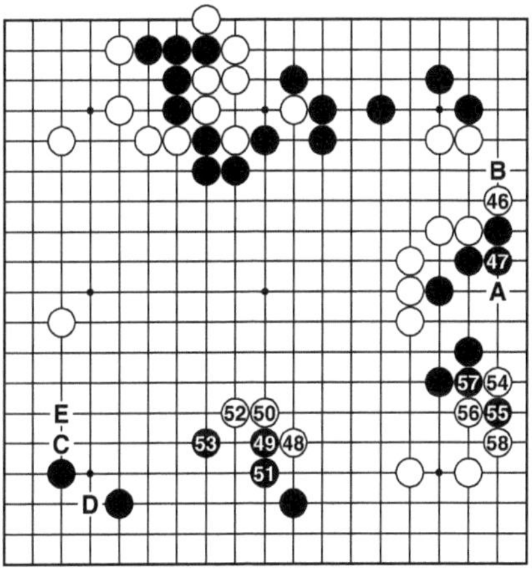

Figur 8 (46–58)

Figur 8

Schwarz 47 verhindert nicht nur das Eindringen mit Weiß A, es gibt auch Aussicht auf das Klemmen auf B.

Weiß 48 bis Schwarz 53 werden in Beachtung der Ausrichtung der schwarzen Ecke links unten gespielt. Wäre der Eckeinschluss auf C und D erfolgt, so könnte dem Zug 48 nicht zugestimmt werden. Doch hier behält Weiß sich die Ausdehnung auf E als Probezug. Weiß fokussiert seine Strategie auf eine weitere Aufwertung der Stärke im Zentrum.

Der Kreuzschnitt mit 55 und 57 ist eine Standardtechnik um Form zu machen. Obwohl der Gewinn für Weiß, das Fangen eines Steins mit 56 und 58, nicht leichtfertig hinzunehmen ist, so muss Schwarz dennoch diesen Weg gehen, da er sich selbst erst festigen muss.

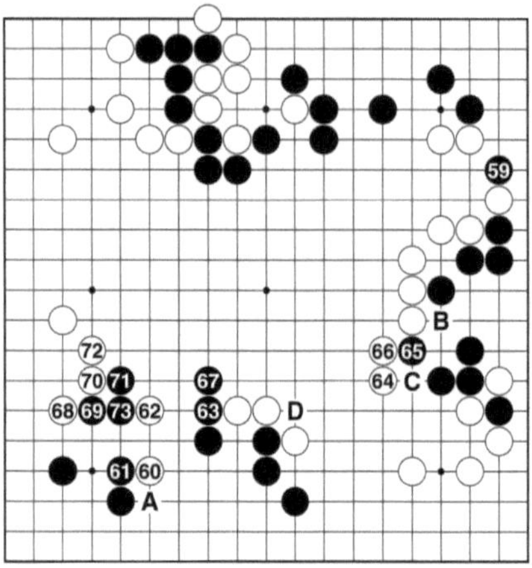

Figur 9 (59–73)

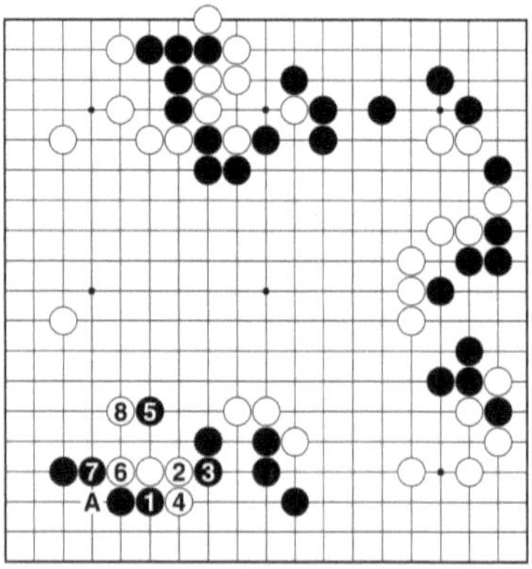

Diagramm 6

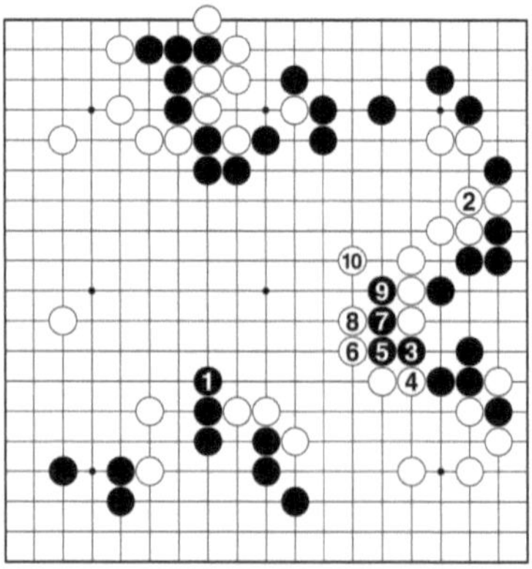

Diagramm 7

Figur 9

Das Klemmen 59 prüft die Reaktion von Weiß, bevor Schwarz seine Stellung am rechten Rand abschließt.

Weiß 60 und 62 stehen in Verbindung zum Zug 64. Die ersten induzieren Schwarz 61 und 63, und Weiß 64 erwirkt Einfluss indem Schwarz rechts eingeschlossen wird und erzwingt nun 67. Gleichzeitig reduzieren 64 und 66 die Bedeutung von 67. Die beiden Steine 60 und 62 haben tatsächlich keinen großen Wert und können aufgegeben werden, denn Weiß nimmt mit 68 und den Folgezügen sicheren Ertrag mit. Es ist eine Freude dieser lebhaften Spielweise zuzuschauen, wie sie um die schwarze Stellung herumspringt.

Wenn Schwarz statt 61 den Weg auf A wählt um zu schieben, dann kann Weiß ganz einfach wie in Diagramm 6 gezeigt und dem Ausnutzen der Drohung, auf A zu schneiden, entkommen.

Der Abtausch von 65 für 66 ist schmerzhaft für Schwarz, es sichert jedoch die Aussicht auf ein Leben am rechten Rand, denn Schwarz B droht C an. Spielt Schwarz statt dessen unmittelbar auf 67, dann wird Weiß wie in Diagramm 7 reagieren und Schwarz wird keinen Weg finden zu leben.

Antwortet Weiß auf 65 mit C, so gelingt dies natürlich nicht. Allein der Einfluss, der sich mit 64 bis 66 ergibt, lässt sich mit nichts aufwiegen. Weiß 64 ist besonders wirkungsvoll, denn er sorgt auch für Schutz gegen einen Schnitt von Schwarz auf D.

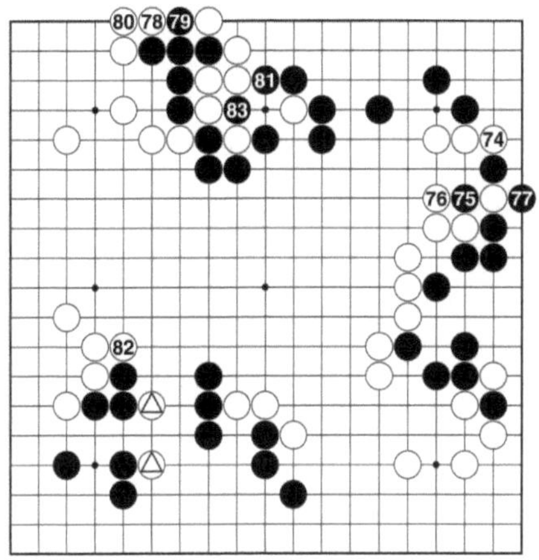

Figur 10 (74–83)

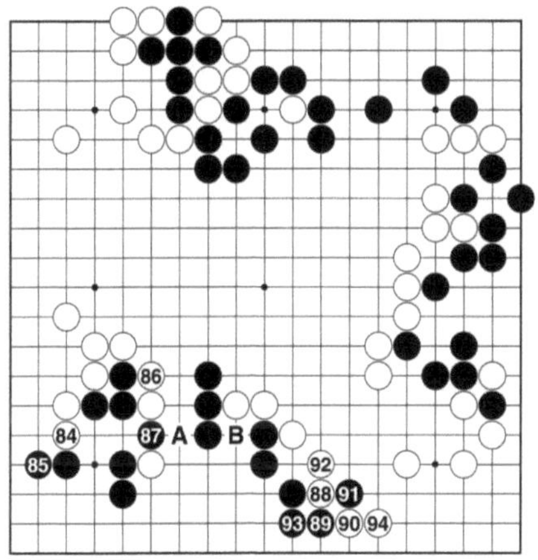

Figur 11 (84–94)

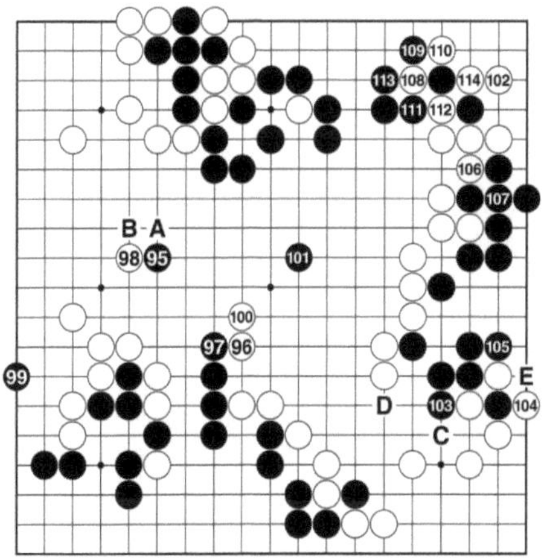

Figur 12 (95–114)

Figur 10

Weiß 74 und 76 signalisieren, dass Weiß sich nun zufrieden fühlt. Nach Weiß 82 erlangen die beiden markierten Opfersteine wieder etwas Aji.

Figur 11

Weiß verzichtet auf die fünf Steine am oberen Rand, doch er ist es zufrieden, da ihm die Züge 84 bis 88 zukommen.

Spielt Schwarz anstatt 93 auf 94, dann gibt er Weiß die Züge A und B. Der weiße Zugegewinn bis 94 ist beträchtlich.

Figur 12

Schwarz 95, der die Gemarkungsgrenzen festlegen möchte, würde einen Punkt höher auf A gespielt gleichermaßen mit dem Kontaktzug B beantwortet. Keine Seite kann in dieser Region nachgeben.

Schwarz 101 verfolgt zwei Aufgaben, die Ausdehnung des eigenen Moyo im Zentrum sowie die Begrenzung des gegnerischen. Schwarz 103 und 105 stellen natürlich eine Vorbereitung für C und später D dar.

Spielt Schwarz jedoch 105 vor 103, dann wird Weiß diesen ignorieren und die möglichen Abtauschvarianten Schwarz 103 für 104 und Schwarz E (das Schlagen) für 103 wie Miai behandeln.

Weiß 114 ist der Höhepunkt der Zugfolge, die mit Zug 102 begann.

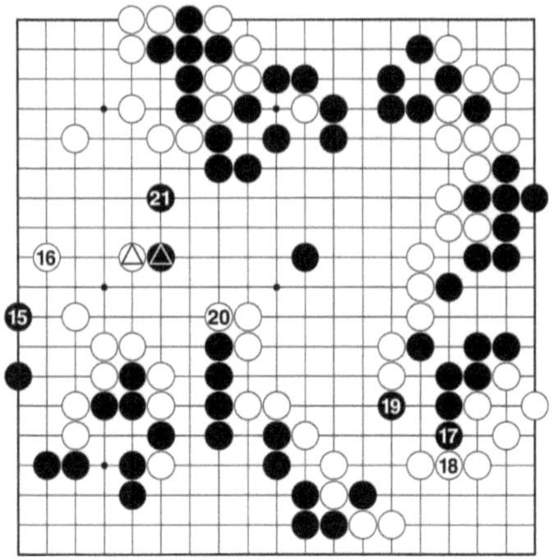

Figur 13 (115–121)

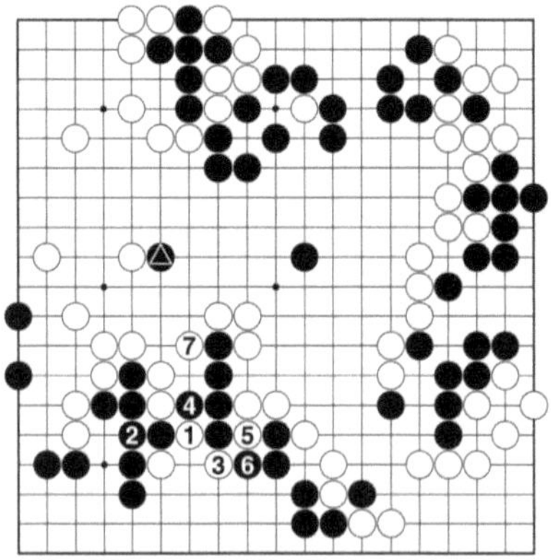

Diagramm 8

Figur 13

Der Grund, warum Weiß den Zug auf 115 so ruhig hinnimmt, liegt darin, dass diese Gegend nach dem früheren Abtausch der markierten Steine nicht abgeschlossen wurde.

Es erscheint als würde Schwarz 117 und 119 dem schwarzen Stein bei Tengen noch mehr Wirkungskraft verliehen.

Weiß 120 dagegen zielt auf die in Diagramm 8 gezeigte Taktik ab, die den markierten Stein abschneidet und großräumig fängt. Daher ist Schwarz 121 nur natürlich.

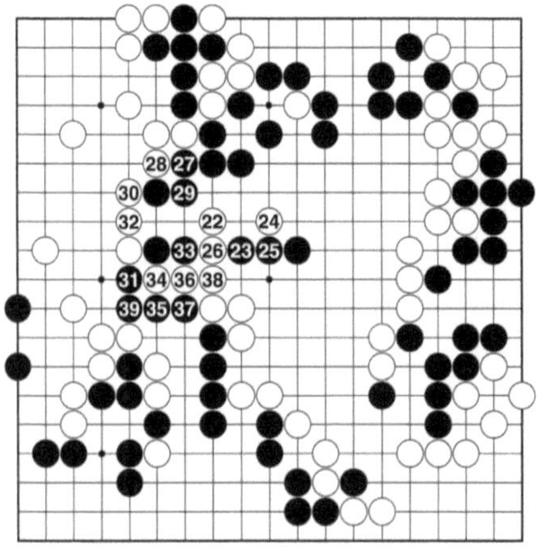

Figur 14 (122–139)

Figur 14

Nun, so scheint es, haben wir mit Weiß 122 den entscheidenen Teil der Partie erreicht. Setzt Schwarz den Zug 127 auf 129, dann droht ihm der in Diagramm 9 gezeigte Angriff von Weiß.

Schwarz 135 lässt Fragen offen. Wäre dieser Zug auf 136 zu liegen gekommen, dann folgte Diagramm 10. Es scheint uns, Schwarz hat dem markierten Stein mehr Wert beigemessen.

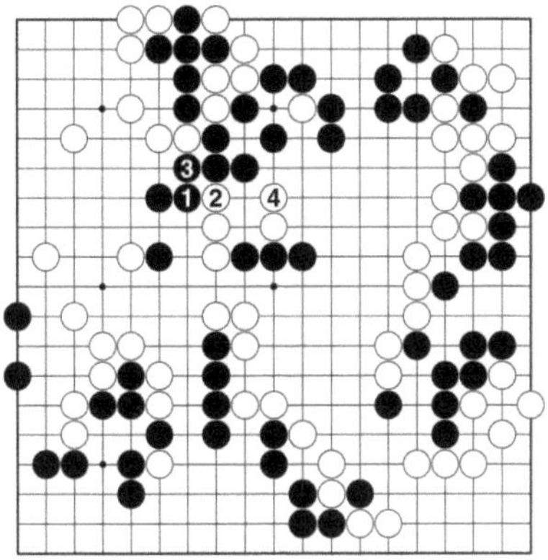

Diagramm 9

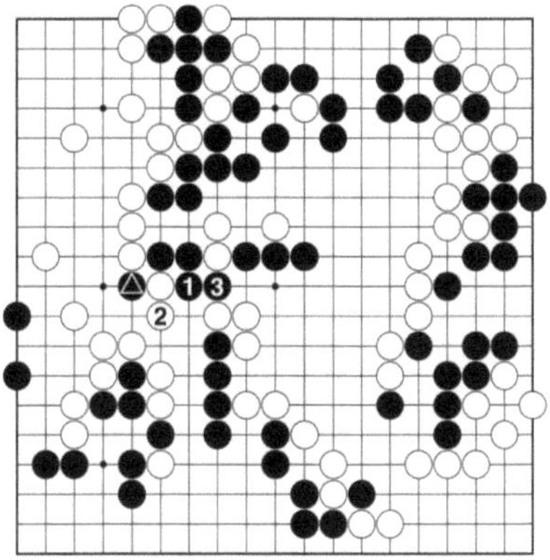

Diagramm 10

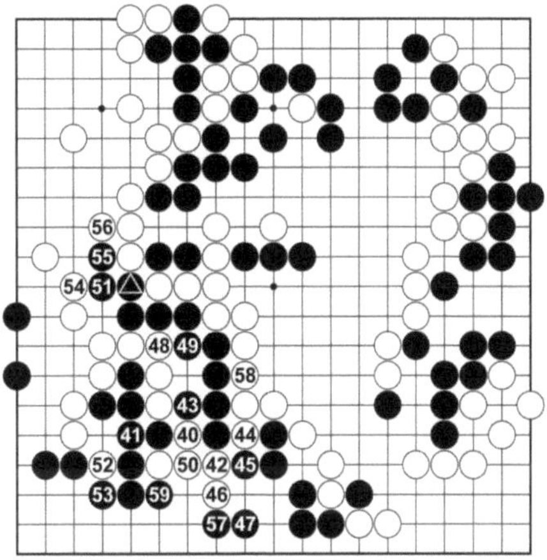

Figur 15 (140–159)

Figur 15

Die Abfolge beginnend mit 140 nimmt sich dem zuvorgenannten Aji an. Das Ergebnis des ganzen Drückens und Schiebens ist nach 158 wohl ein wenig günstiger für Weiß, daher müssen wir ein Versehen von Schwarz um den Zug 131, dem markierten Stein, annehmen.

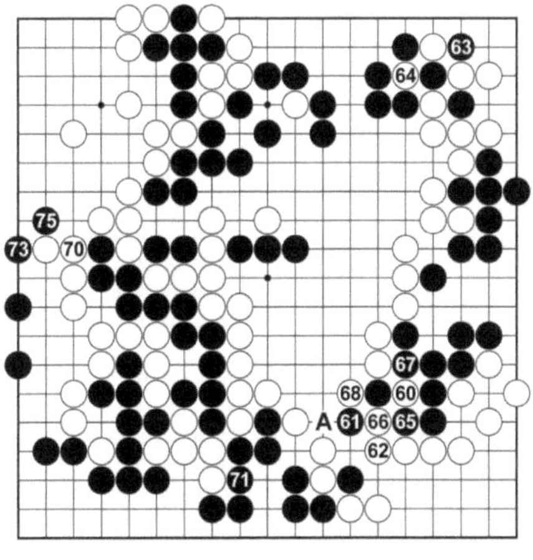

Figur 16 (160–175) Ko: 69, 72, 74

Figur 16

Schwarz 161 ist zeitlich gut abgepasst, denn Schwarz hat als nächstes A, woraufhin Weiß 162 unvermeidlich sein wird. Schwarz 163 und alle weiteren Steine sind die letzten Zuckungen. Ungeachtet dessen, dass Schwarz zu 175 kommt, beendet Weiß das Ko mit 172 und 174. Der Erfolg trügt, denn nun ist die Partie überaus knapp.

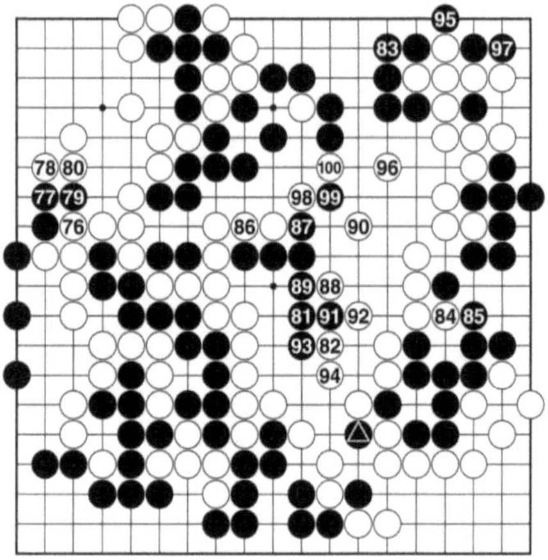

Figur 17 (176–200)

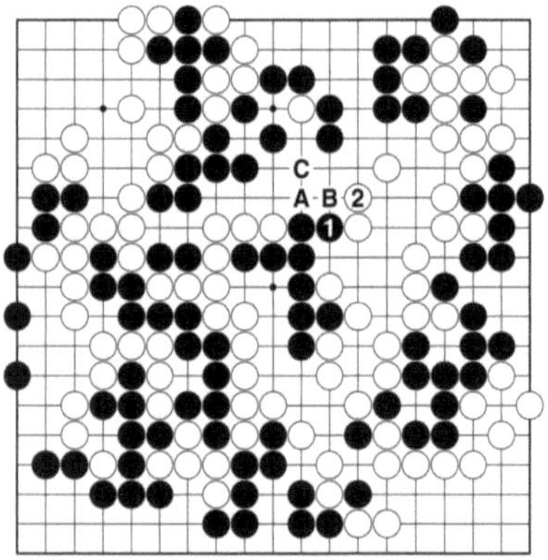

Diagramm 11

Figur 17

Weiß ist gezwungen, auf 181 mit 182 zu verteidigen und später nochmal mit 194 nachzugeben. Beides eine Folge des Tesuji 161 von Schwarz (markierter Stein).

Es wird gesagt, Schwarz 197 wäre ein Flüchtigkeitsfehler. Hätte er den Zug zur Verteidigung auf 1 in Diagramm 11 genutzt, so wäre er zweifellos sicher im Zentrum, doch es würde sich herausstellen, dass Weiß danach auf 2 herausstreckt. Dies muss ihm das Gefühl gegeben haben, Weiß wäre einen kleinen Vorsprung voraus. Sobald der Stein Weiß 2 liegt, sind Weiß A, Schwarz B und Weiß C eine große Zugfolge.

Schwarz (Kono Mototora) erklärt nach 200 Zügen seine Niederlage.

Es bleibt der Eindruck, so meine ich, dass Senkaku uns an den „teuflischen" Hattori Intetsu (1761–1842) erinnert. Es möge nicht unerwähnt bleiben, dass sein Kontrahent hier, Mototora, in schwieriger körperlicher Verfassung war und ihm nachgesagt wird, er sei bei Herannahen des Endspiels gelegentlich für peinliche Spielfehler anfällig gewesen.

○ Senkaku vs. Honinbo Genjo ●

30. Dezember 1803 (Kansei 3 XI 17)

Diese Partie wurde in den Burgkämpfen gespielt und zählt zu den späten der aktiven Jahre Senkakus. Sein Kontrahent Genjo war kaum Dreißig und stand in der vollen Kraft eines noch wachsenden 6. Dan. Senkaku ward gezwungen in dieser Partie die weißen Steine zu nehmen. Er verlor sie mit nur einem einzigen Punkt. Ungeachtet der Niederlage stellt diese Partie ein wahres Meisterwerk Senkakus dar.

Zu dieser Zeit war Genjo bereits als Erbe von Honinbo X Retsugen bestimmt worden. Uns ist heute noch bekannt, dass eine weithin beachtete Rivalität zwischen ihm und Yasui Chitoku, dem Erben Senkakus, bestand.

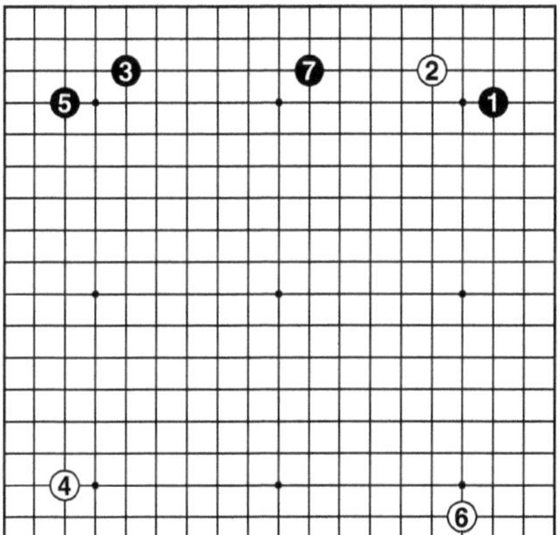

Figur 1 (1–7)

Figur 1

Mit der Annäherung auf 2 den ersten Stein geradewegs herauszufordern, dünkt wie eine Methode aus alten Zeiten, gleichwohl ist sie auch heute noch nicht gänzlich verschwunden. Sie ist gewiß nicht zu kritisieren.

Schwarz besetzt mit 3 den Mokuhazushi (5-3) in der Ecke links oben. Dies wird als angemessene Erwiderung zu dem Geschehen rechts oben angesehen.

Angenommen, Weiß besetzt daraufhin den Punkt 5, dann darf Schwarz eine Ausdehnung mit einem Klemmzug verbinden, indem er auf 7 spielt. Auch wenn Weiß mit 4 eine Ausdehnung auf der dritten Linie am oberen Rand wählt, auf einem beliebigen Punkt in dessen Mitte, so wird Schwarz die Ecke mit 5 einschließen. In der Theorie, so weit sie den oberen Rand betrifft, besteht hier kein Nachteil für Schwarz.

Die nun folgenden Züge Weiß 4 und 6, in traditioneller Form auf Komuku (4-3) gespielt, muten recht ungewöhnlich für Senkaku an. Die Partie schreitet mit Schwarz 5 und dem Ausdehnen-und-Klemmen auf 7 in einem wahrlich gemächlichen Tempo voran.

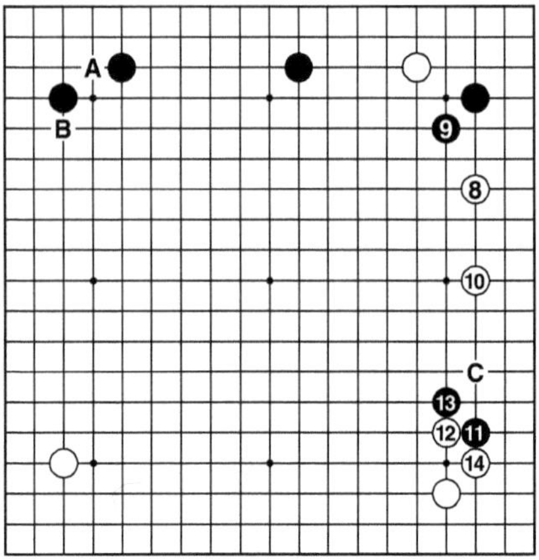

Figur 2 (8–14)

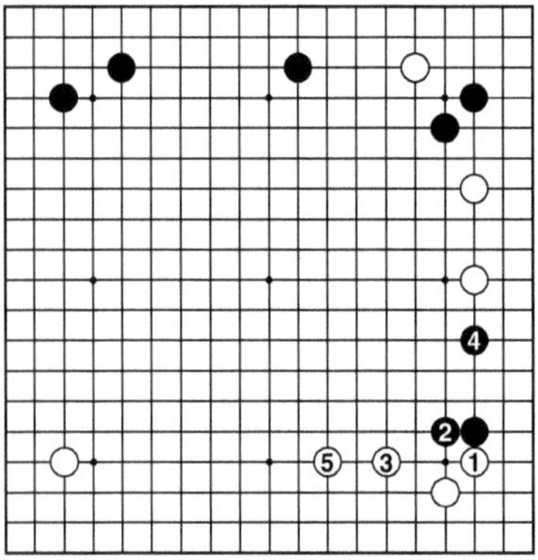

Diagramm 1

Figur 2

Weiß 8 und 10 lassen sich als erste strategische Aktion betrachten. Sie berücksichtigen ganz klar die niedrige Position von Schwarz 3 und die Ausrichtung des Eckeinschlusses. Anders ausgedrückt, bei einem hohen Eckeinschluss, oder gar einem auf A und B, wäre es fragwürdig Schwarz 7 am oberen Rand zuzulassen. So aber sind hier die Umstände anders gelegen.

Es ist bekannt, dass Weiß 12 auf C mit den beiden oberen Steinen eine misslich überkonzentrierte Form bilden würde. Für gewöhnlich ist daher ein Einschluss der Ecke links unten erdenklich, oder auch das Anlegen auf 1 in Diagramm 1 mit der Fortsetzung bis 5.

Weiß 12 und 14 sind eine Kombination, die die ebenso charakteristische wie eigenwillige Spielweisevon Senkaku zeigt.

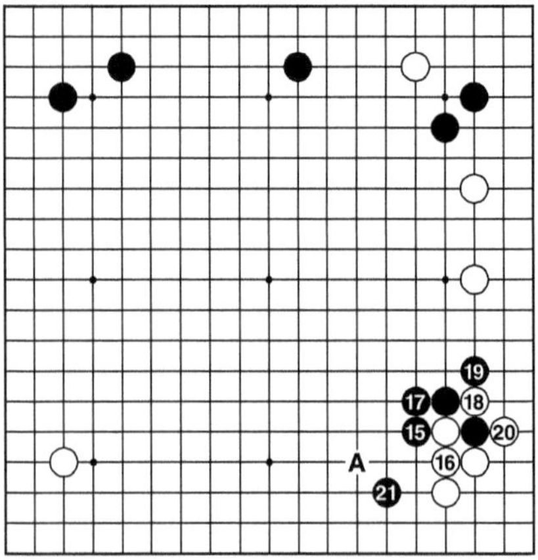

Figur 3 (15–21)

Figur 3

Verbindet Schwarz auf 18, anstatt auf 17, dann schneidet Weiß zweifelsohne auf 17.

Schwarz muss Weiß mit 21 einschließen. Lässt Schwarz diesen Zug aus, wird Weiß ohne Frage auf A spielen. Sobald er diese Position bezogen hat, stehen der schwarzen Gruppe unvermeidlich unruhigen Zeiten bevor. Die hier entstandene Form nach 21 ist in der Tat recht ungewöhnlich.

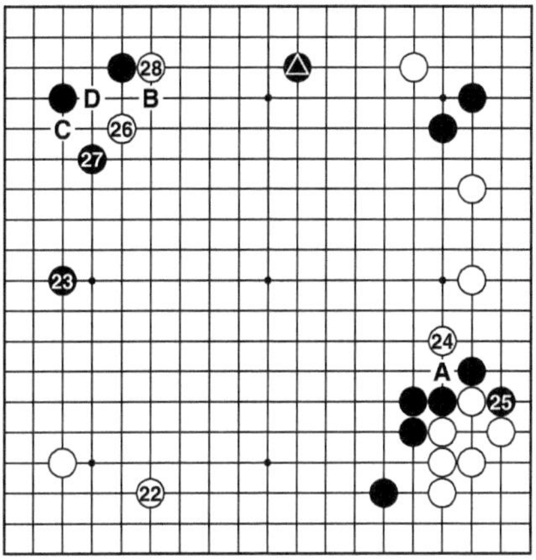

Figur 4 (22–28)

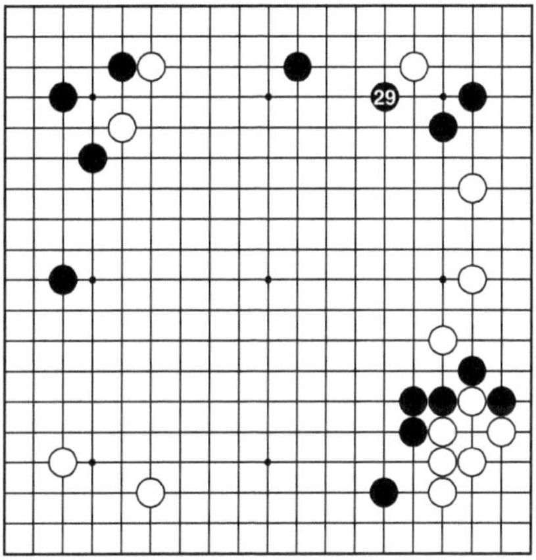

Figur 5 (29)

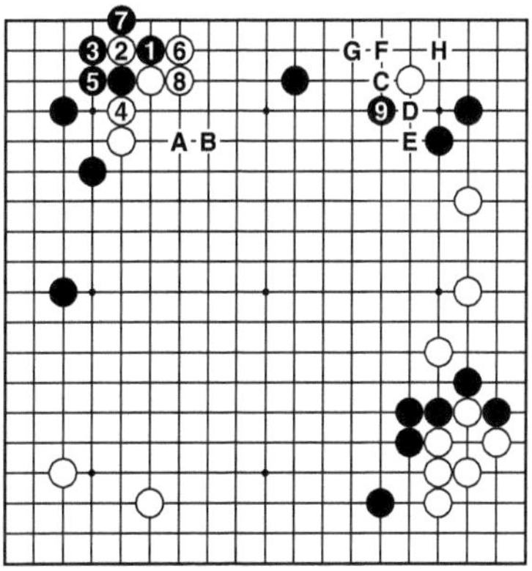

Diagramm 2

Figur 4

Sowohl Weiß 22 als auch Schwarz 23 besetzen zweifelsohne großen Punkte. Der Partieverlauf erfüllt hier die Erwartungen.

Weiß beschränkt sich nun auf den Abtausch von 24 für 25 und wendet sich danach 26 zu. Ein Verbinden auf A als Antwort auf Weiß 24 ist für Schwarz keinesfalls denkbar. Es ist jedoch schwer zu sagen, ob der hier zurückbleibende Ko-Kampf die eine oder andere Seite mehr gefährdet. Beide Seiten lassen die Dinge stehen wie sie sind und schauen, was sich später ergeben wird.

Weiß 26 auf dem 5-5-Punkt nimmt einen gewichtigen Punkt ein und wird vornehmlich in Situationen niedriger Eckeinschlüsse mit zwei Ausdehnungsflügeln (hier 23 und ▲) angewandt.

Die Entscheidung für eine Antwort auf B oder 27 hängt maßgeblich von dem Moyo ab, das verteidigt werden soll. Der Punkt B stärkt die obere Seite, 27 den linken Rand. Nach Schwarz B könnte Weiß C oder D spielen und so den Stein 23 isolieren. Schwarz befindet dies wohl als weniger vorteilhaft gegenüber der dünnen Position, die nach Weiß 28 am oberen Rand entsteht. Dies abgewogen erscheint es selbstverständlich, der linken Seite den Vorrang zu geben.

Figur 5

Spielt Schwarz statt 29 sofort das Hane links oben, dann wird Weiß ihm die Abfolge in Diagramm 2 aufzwingen.

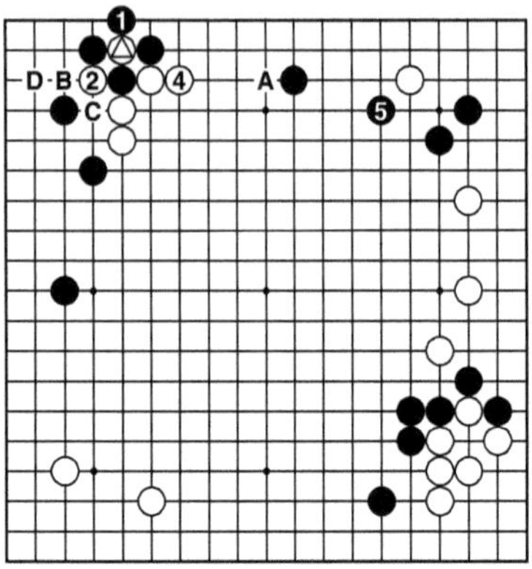

Diagramm 3
(Schwarz 3 deckt)

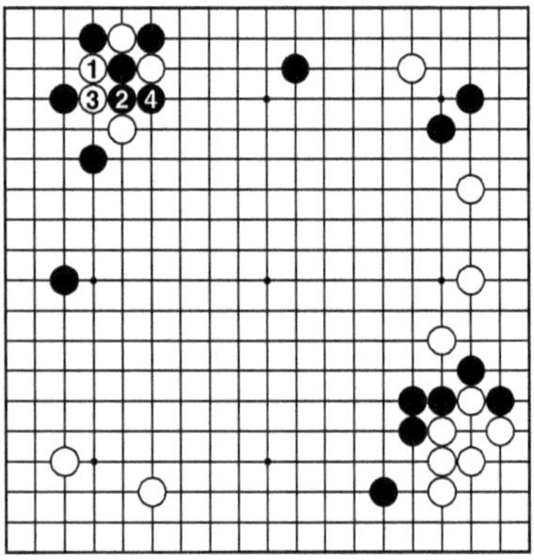

Diagramm 4

Im Diagramm 2 ist zu beachten, dass wenn Schwarz auf A statt 9 fortsetzt, Weiß mit B ganz leicht Sabaki machen kann. Auch nach Schwarz 9 und noch einem weiteren Zug auf C ist Weiß noch immer in der Lage mit der Abfolge D, Schwarz E, Weiß F, Schwarz G und Weiß H in der Ecke etwas auszurichten.

Diagramm 3 zeigt eine Variante, in der Schwarz direkt schlägt. In diesem Szenario, insbesondere wenn Weiß noch zu einem Stein auf A kommt, droht die unangenehme Zugfolge Weiß B, Schwarz C und Weiß D.

Es ist jedoch nicht möglich für Weiß, die Reihenfolge der Züge in Diagramm 2 zu tauschen, denn dies birgt die Gefahr, dass Schwarz sich dem Plan verwehrt und wie in Diagramm 4 ausweicht.

Figur 6

In der Partie ist nun die Sequenz von Weiß 30 bis Schwarz 33 unvermeidlich.

Das Ergebnis nach Weiß 38 ist ein isolierter schwarzer Stein am linken Rand, eingeklemmt von dem kraftvollen Probezug auf 34. Schwarz war in der Zeit nicht untätig und konnte mit den drei Zügen 29, 31 und 33 eine beträchtliche Zahl an Punkten sichern.

Zudem gelang es Schwarz, eine Basis am unteren Rand zu errichten, die einen weiteren Probe- und Ausdehnungszug auf A ermöglicht. Das ist nicht zu unterschätzen.

Weiß 36 und 38 sind größer als sie erscheinen und verleihen Weiß eine starke Position.

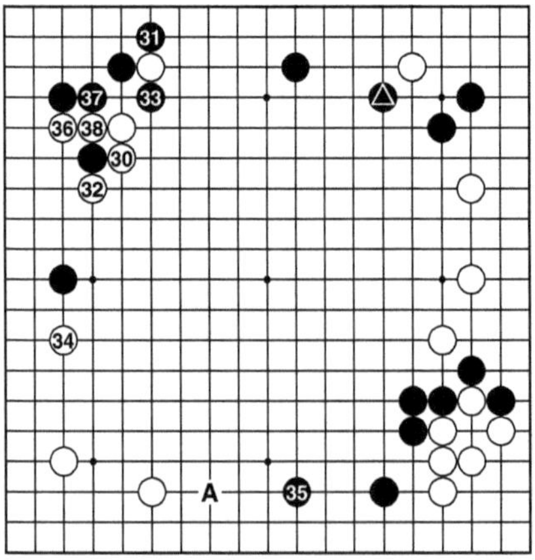

Figur 6 (30–38)

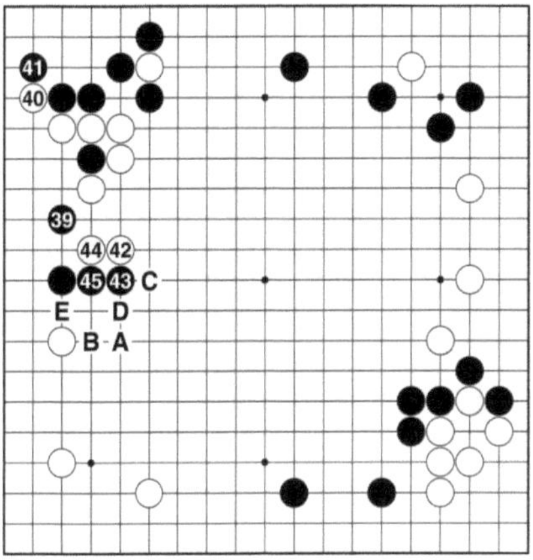

Figur 7 (39–45)

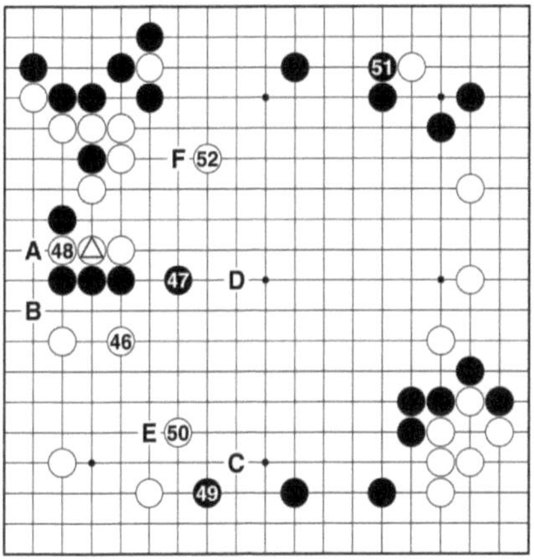

Figur 8 (46–52)

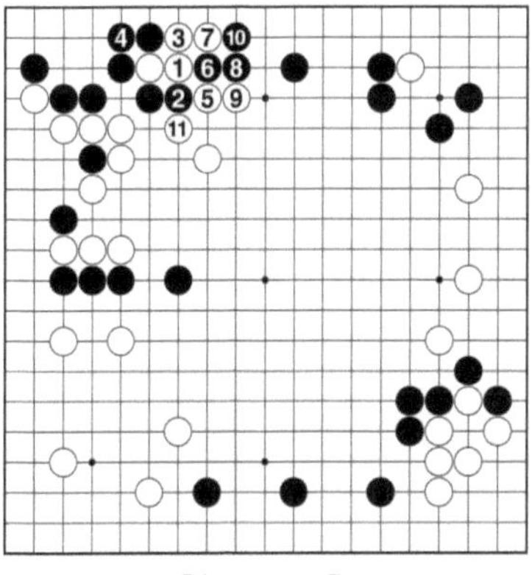

Diagramm 5

Figur 7

Tauscht Schwarz die Reihenfolge von 39 und 43, also springt Schwarz zuerst hinaus auf 43, so Weiß springt auf A. Nimmt Schwarz nun 39, dann vermiede er das Nozoki. Verzichtet Weiß in dieser Variante auf A und wagt das Nozoki, dann macht Schwarz mit dem Anlegen auf B Sabaki.

Das Hane auf C statt 44 wäre lausig, denn Schwarz entwertet mit D, Weiß 44 und Schwarz E den weißen Stein.

Figur 8

Das Ergebnis nach 48 zeigt, dass Schwarz dem Nozoki auf 44 (△) nachgeben musste.

Sollte Schwarz jetzt auf A blocken, dann nimmt Weiß dankend die Vorhand B und stärkt sein Gebiet links unten. Zugleich bedroht dies die Basis von Schwarz.

Schwarz 49 ist der letzte, eindeutig große Punkt.

Weiß 50 ist ein Zug, der mehrere Absichten verfolgt: Er schützt die untere linke Ecke, er bereitet ein weiteres Drücken auf C vor und schaut schon auf den Angriff D gegen Schwarz.

Lässt Weiß 50 aus, dann wird Schwarz E unangenehm. Das Blocken auf 51 schließt die Sicherung der Ecke rechts oben mehr oder weniger ab und bringt ein riesiges Gebiet ein.

Weiß 52 droht, abgesehen von der Reduktion des Moyo am oberen Rand, die Sequenz in Diagramm 5 an. Der Zug unterstützt zudem den Angriff auf D (ohne 52 könnte Schwarz auf Weiß D hin mit guten Zügen um F herum ausweichen).

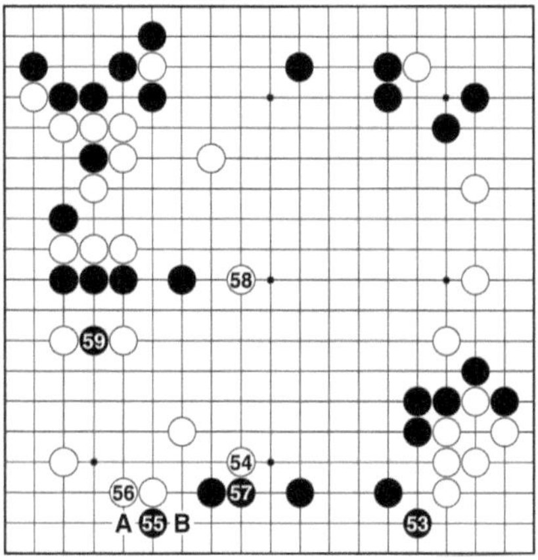

Figur 9 (53–59)

Figur 9

Schwarz 53 sichert ebenfalls Punkte und bedroht darüberhinaus die Ecke von Weiß.

In dieser Phase ist Schwarz sehr darauf bedacht mit seinen Zügen 51 bis 57 sichere Punkte einzunehmen oder geduldig zu verteidigen. Folglich muss er sich den Angriff von Weiß 58 gefallen lassen.

Wenn Weiß statt 56 auf A blockt, dann zieht Schwarz auf B zurück.

Schwarz 59 ist ein Warikomi, ein Keil-Tesuji.

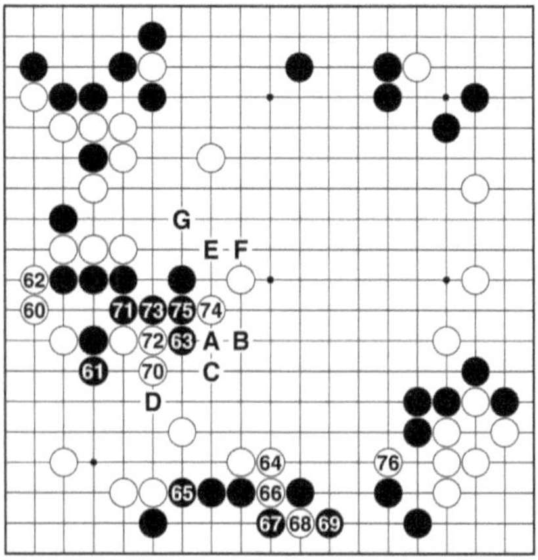

Figur 10 (60–76)

Figur 10

Wenn Weiß statt 60 auf 61 blockt, dann ist die Abfolge in Diagramm 6 zu erwarten. Schwarz bereitet so den Fluchtweg vor, der auf das Anlegen auf A im Diagramm beruht.

Weiß 60 und 62 berauben Schwarz der Basis. Doch dessen ungeachtet stößt Schwarz entschieden auf 61 durch und Weiß muss die grauenhafte Form hinnehmen. Schwarz 63 ist gute Form hier.

Weiß 66 und 68 sind offenkundig Forcierzüge, die jederzeit gespielt werden könnten. Mir fällt es schwer zu erklären, warum sie so eilig auf das Brett kommen.

Nach Weiß 74 und Schwarz 75 gibt es für Schwarz zum einen die Abfolge A, Weiß B, Schwarz C, die auf D abzielt. Andererseits sind Schwarz E, Weiß F und Schwarz G möglich. Er ist daher nicht unmittelbar einer Bedrohung durch Weiß ausgesetzt.

Es muss nicht erklärt werden, dass hinter Weiß 76 die Absicht steht, die Gruppe am linken Rand in den Kampf einzubeziehen. Damit wird schließlich die Situation unübersichtlich.

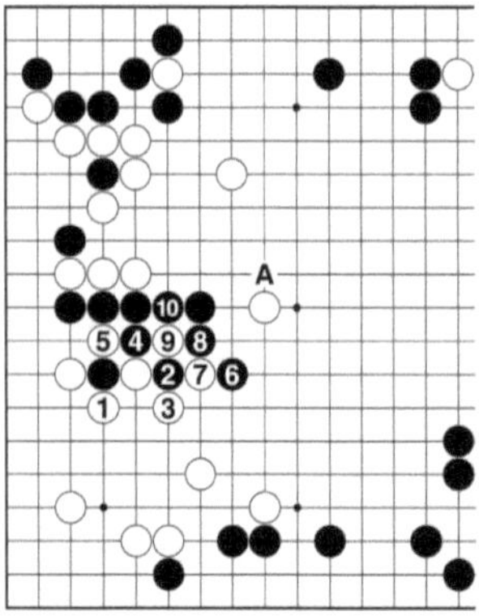

Diagramm 6

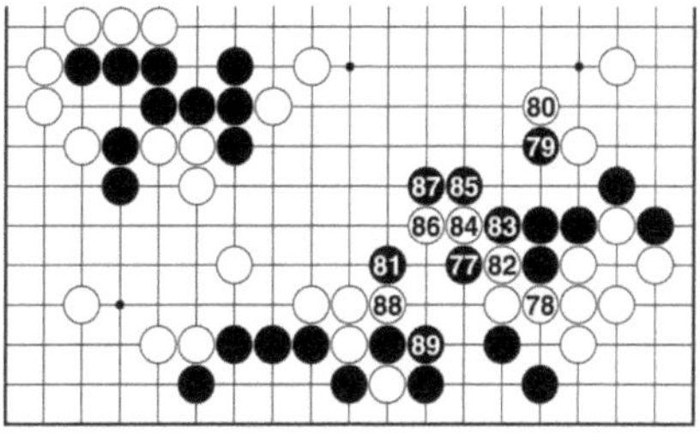

Figur 11 (77–89)

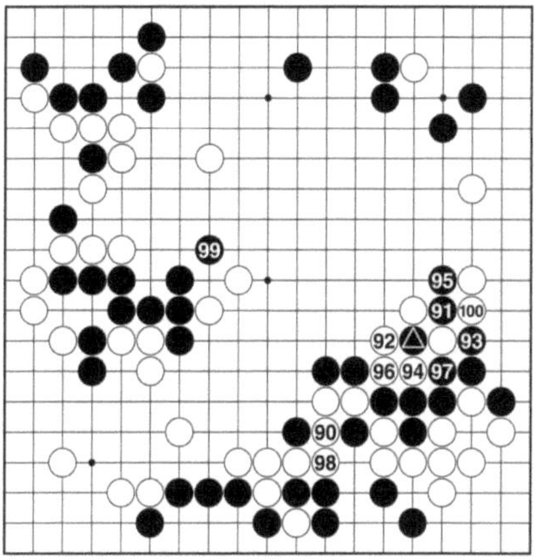

Figur 12 (90–101)
101 deckt auf ▲

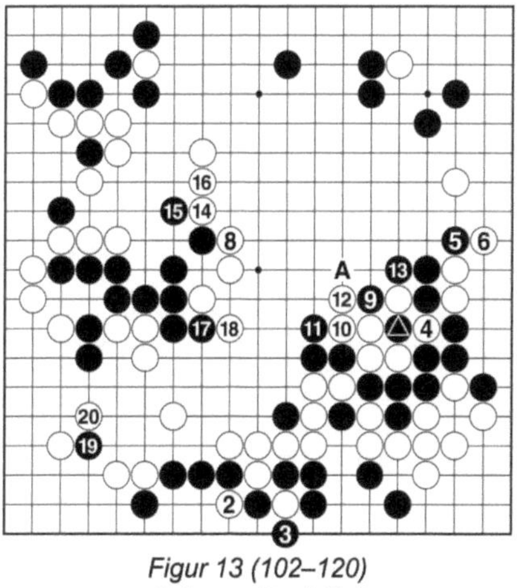

Figur 13 (102–120)
Schwarz 7 schlägt

Figur 11

Es ist nur natürlich, der Stoßrichtung von Weiß geschickt mit 77 auszuweichen.

Das Verbinden auf 78 ist, am Rande gesagt, ein Probezug. Schwarz muss sich hier unwohl fühlen, aufgrund der großen Gruppe links so vorsichtig und nachgibig agieren zu müssen.

Was auch immer an Vorzügen für Schwarz 81 vorzubringen ist, stellt man sich den Austausch Weiß 88 für Schwarz 89 als bereits gespielt vor, dann möchte man nur sehr widerwillig auf 81 anlegen.

Figur 12

Schwarz 91 ist Tesuji. Schwarz darf nicht einmal darüber nachdenken statt 93 auf 94 zu verbinden.

Nach 98 ist die weiße Gruppe unten rechts sicher verbunden, so dass Weiß nun volle Handlungsfreiheit für den Kampf in der Mitte hat.

Schwarz zieht mit 99 heraus, vermutlich ist er nicht sehr optimistisch, die Partie noch zu gewinnen. Der Leser wird nicht umhinkommen, die Schwierigkeiten zu erkennen, denen ich bem Erklären des nun folgenden Kampfes unterliege.

Figur 13

Schwarz 111 zwingt Weiß mit 112 herauszudrängen und erlaubt in gutem Spielfluss auf 113 zu schlagen. Auf den ersten Blick ist das eine übliche und akzeptierte Spielweise. Auch lokal betrachtet ist sie als effektiv anzusehen. Jedoch liegt in der Waagschale auch das für Weiß kraftvolle Strecken auf A. Wahrscheinlich, als Art einer Ausnahme, wäre es hier besser gewesen, geradewegs auf 113 zu schlagen, ohne erst 111 zu spielen.

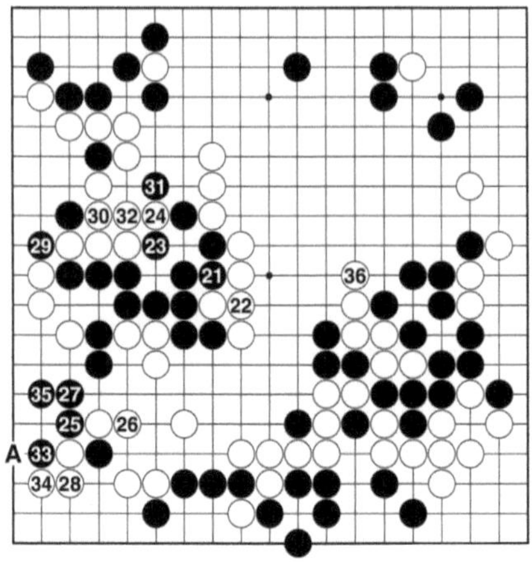

Figur 14 (121–136)

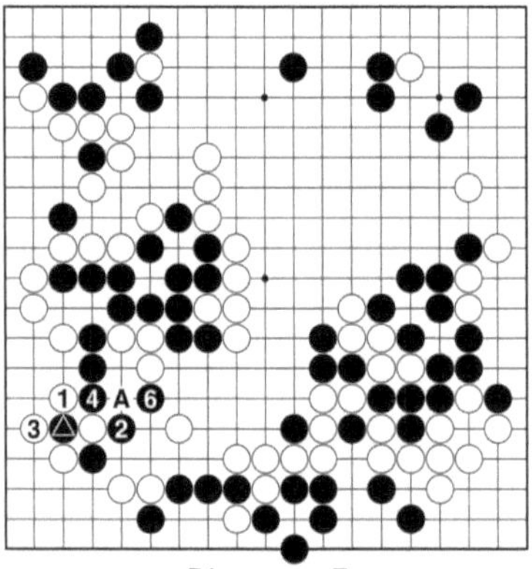

Diagramm 7
(Weiß 5 deckt)

Figur 14

Weiß 124 ist schließlich ein deutlicher Angriff gegen die schwarze Gruppe.

Weiß vermeidet mit 126 das Fangen eines Steins auf 127, da Schwarz wie im Diagramm 7 zum unteren Rand verbinden würde. Deckt Weiß statt 3 im Diagramm auf 4, dann zerbricht sein Plan an Schwarz A.

Schwarz schneidet in schlichter Manier auf 129. Das Einschieben eines Zugs auf 132 vor dem Schnitt wäre unschicklich.

Weiß beginnt nach 135 nicht unverzüglich das Ko, denn wenn Schwarz wirklich leben muss, dann gelingt ihm dies mühelos.

Weiß 136 ist, wie bereits erwähnt, ein guter Punkt.

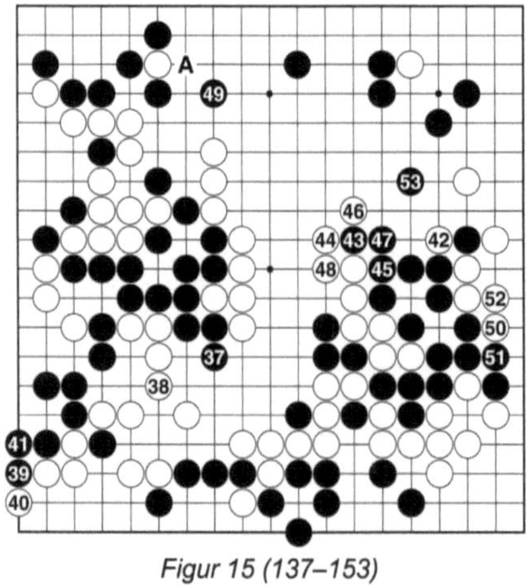

Figur 15 (137–153)

Figur 15

Schwarz sichert nun das Leben der Gruppe mit 139 und 141.

Das Anlegen auf 143 besetzt den Formpunkt. Dieser Zug gibt Schwarz unumschränkte Sicherheit auf der rechten Seite, denn entweder fängt er auf 148 drei weiße Steine oder er verbindet mit 153 nach oben.

Schwarz 149 schützt, wie schon zuvor erläutert, gegen Weiß A.

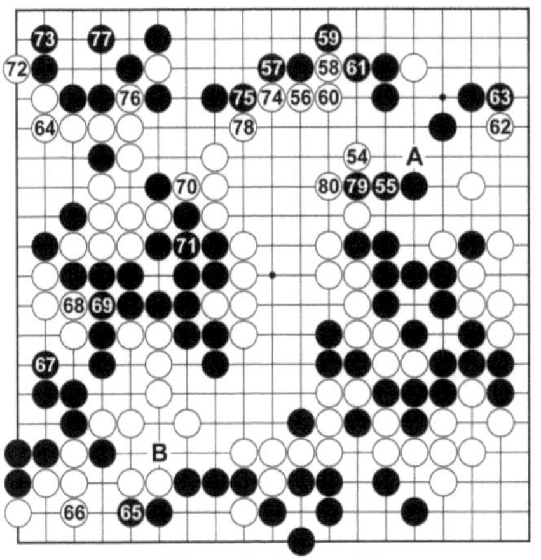

Figur 16 (154–180)

Figur 16

Schwarz 155 ist offensichtlich eine Maßnahme, um Weiß A zu verhindern. Doch aufgrund der Unwägbarkeiten um A herum, muss Schwarz anschließend auf 157 nachgeben.

Weiß 164 ist sehr groß.

Weiß 166 sichert die Basis der Gruppe in der Ecke. Für Weiß ist es nicht möglich darauf zu verzichten, da ihm sonst die Schwächen um B zur Last werden.

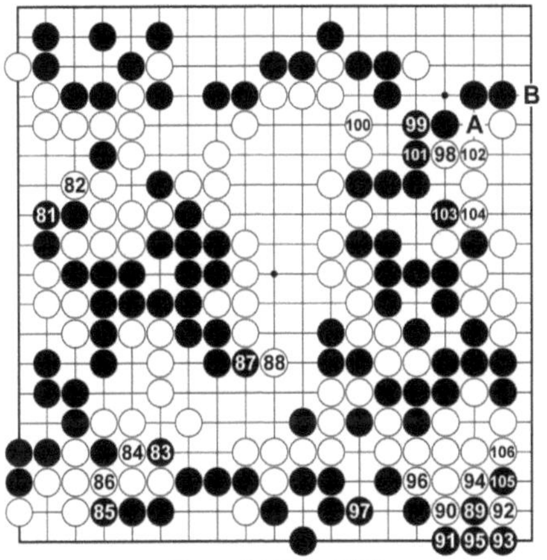

Figur 17 (181–206)

Figur 17

Schwarz 183 und 185 sind die richtige Reihenfolge. Spielt Schwarz 185 zuerst, dann antwortet Weiß auf 186 und 183 wäre seiner Wirkung beraubt.

Weiß 198 ist ein geschickter Spielzug. Blockt Schwarz statt 199 auf 201, dann setzt Weiß auf A fort und erhält das Hane auf B in Vorhand. Zieht Schwarz jedoch auf 199 zurück, dann ist Weiß 200 ein Forcierzug. Für Schwarz ist es auf die eine und die andere Weise ärgerlich. Doch selbst wenn Schwarz zuerst auf 200 gespielt hätte, wäre nicht zu erwarten, dass Weiß bereitwillig nachgibt.

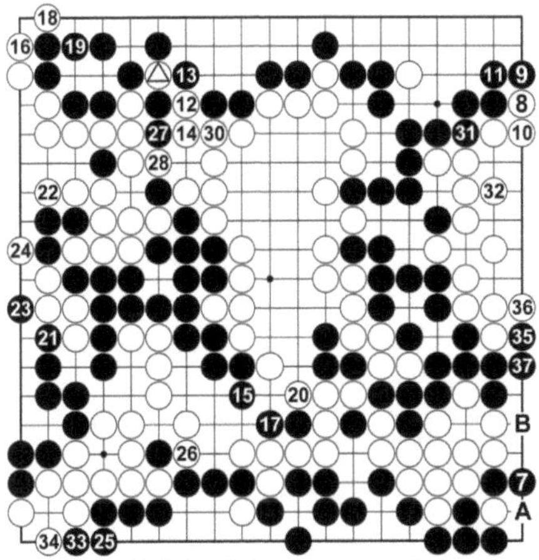

Figur 18 (207–206) Schwarz 29 deckt

Figur 18

Sollte Schwarz statt 207 versehentlich auf A schlagen, dann wird Weiß B ein Forcierzug und er kann 237 spielen. Das Strecken auf 207 ist üblich in solchen Situationen.

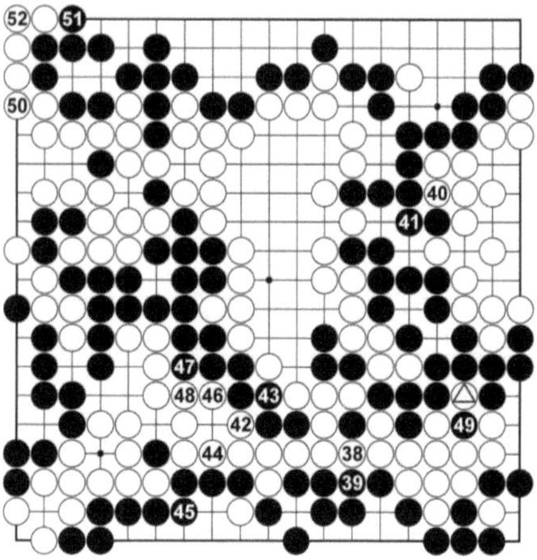

Figur 19 (238–253)
Schwarz 53 deckt

Figur 14

Wie auch immer das Ergebnis lautet, es kann nicht in Abrede gestellt werden, das Genjo in dieser Partie kunstfertig gespielt hat.

Schwarz (Honinbo Genjo) gewinnt mit einem Punkt.

Senkaku vs. Honinbo Retsugen

30. Dezember 1792 (Kansei 4 XI 17)

Die hier vorgestellte Partie wurde zu der Zeit ausgetragen als Senkaku besonders stark in den Burgkämpfen hervortrat. Retsugen ist der 10. Honinbo und der Lehrer von Genjo, den wir in der letzen Partie kennenlernten. Keiner der beiden Kontrahenten hatte hier schon den 8. Dan erlangt. Erst zehn Jahre später, im Jahr Kyowa 2 (1802), wurden Retsugen und Senkaku gleichzeitig zum stellvertretenden Meijin ernannt, mit dem die Ehrung als 8. Dan einhergeht.

Retsugen war ein Schüler von Honinbo Satsugen und wurde im Alter von 21 Jahren (nach asiatischer Zählung) zu dessen Nachfolger bestimmt. Nach dem Tod von Satsugen in Tenmei 8 (1788) trat er die Nachfolge an.

Im Fuseki, so wird es Retsugen nachgesagt, sei er unübertroffen gewesen. Jedoch scheint es ihm an Schärfe in den Kämpfen gemangelt zu haben.

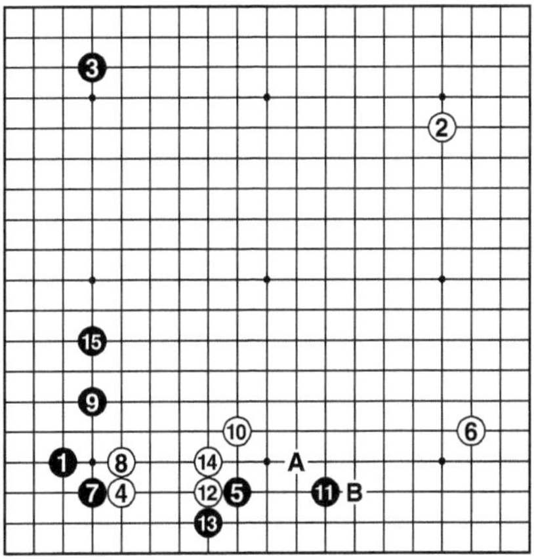

Figur 1 (1–15)

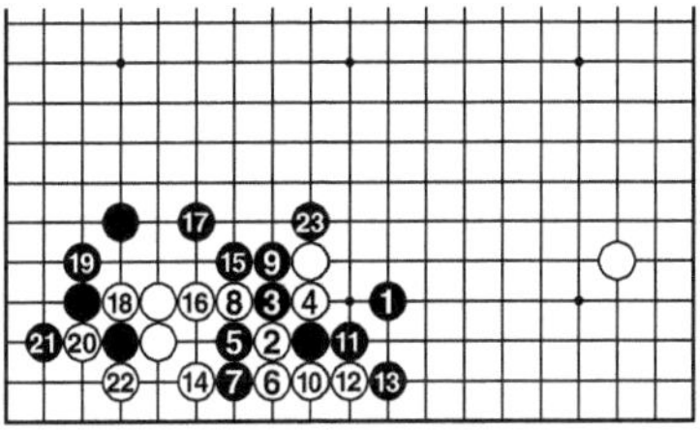

Diagramm 1

Figur 1

Die niedrige Ausdehnung 11 und die anschließenden Antworten 13 und 15 waren eine gewöhnliche Spielweise zu jener Zeit. Das Keima auf A, statt 11, würde in das bekannte Joseki führen, das Diagramm 1 zeigt. Heutzutage wird das Joseki als nachteilig für Weiß angesehen, da dieser eingeschlossen wird.

Der schlichte Unterschied zwischen 11 und A in der Partie ergibt sich daraus, ob in der rechten unteren Ecke eine weiße Position errichtet wurde, die es ihm im Falle von A ermöglicht, eine Probeausdehnung auf B zu spielen. Schwarz wird daher A vermeiden und den niedrigen Zug 11 wählen.

Folglich wäre A besser als Schwarz 11 in der Partie.

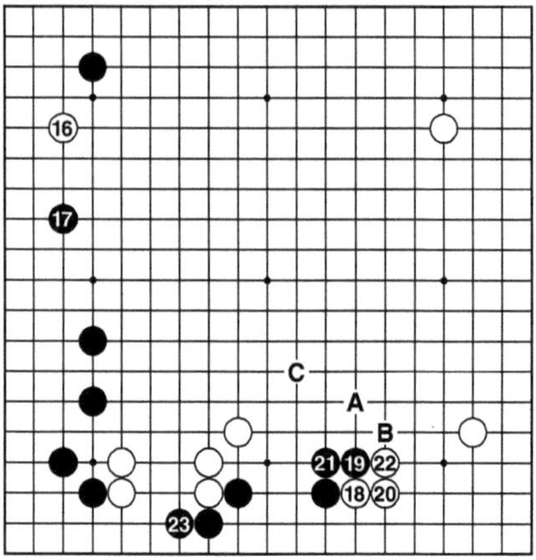

Figur 2 (16–23)

Figur 2

Zum Abtausch Weiß 16 für Schwarz 17 ist festzustellen, dass Schwarz auf der unteren Seite des Randes eine bessere Stellung erhält, als wenn er die Ecke nur mit einem Zug eingeschlossen hätte.

Weiß 18 und 20 sind bereits interessanter. Schwarz 19 und 21 sind als unmittelbare Antworten gemeinhin zu erwarten. In der Abfolge bis 22 lässt Weiß, dass er mit den Feinheiten unregelmäßiger Formen vertraut ist, wie sie im Falle eines Probezugs auf 20, statt 18, entstehen würde.

Schwarz 23 mag fragwürdig sein. Im Licht der nachfolgenden Entwicklung ist festzustellen, dass nach einem Sprung auf A Weiß vermutlich auf B gestreckt hätte. Dieser Zug wäre erzwungen, da Weiß nicht zulassen kann, dass Schwarz auf B gute Form macht. Anschließend würde Schwarz mit C den Weg ins Zentrum nehmen.

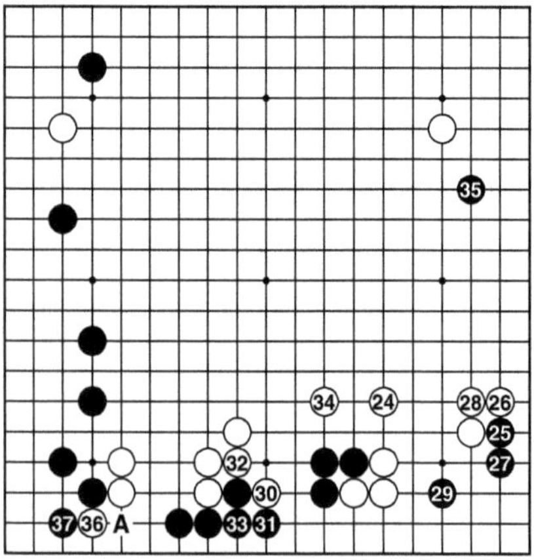

Figur 3 (24–37)

Figur 3

Schwarz 25 kommt sehr frühzeitig aufs Brett. Berücksichtigt man das Ergebnis, so wäre für Schwarz das Verbinden auf A vermutlich besser gewesen.

Antwortet Weiß statt 26 auf 27, dann wäre Schwarz mit diesen forcierten Abtausch sicherlich zufrieden. Jedoch mit 29 ist Schwarz gezwungen, die Nachhand zu nehmen. Der Nachteil für Schwarz liegt nur allzu offen auf der Hand.

Mit der Abwehr 31 und 33 kann Schwarz die prekäre Lage nicht beheben, in der er sich mit den zwei Gruppen befindet.

Der Sprung auf 34 macht schöne, kräftige Form im Zentrum. Schwarz 35 ist ebenfalls keine reguläre Form, aber in der Situation wohl kaum vermeidbar.

Weiß 36 ist für gewöhnlich ein Strecken auf A, ein Forcierzug, hier jedoch scheint die Bedeutung darauf beschränkt Vorhand zu behalten und Schwarz von der Anbindung abzuhalten.

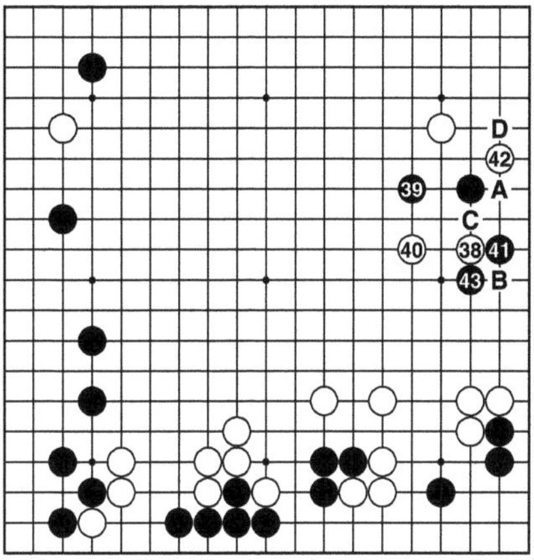

Figur 4 (38–43)

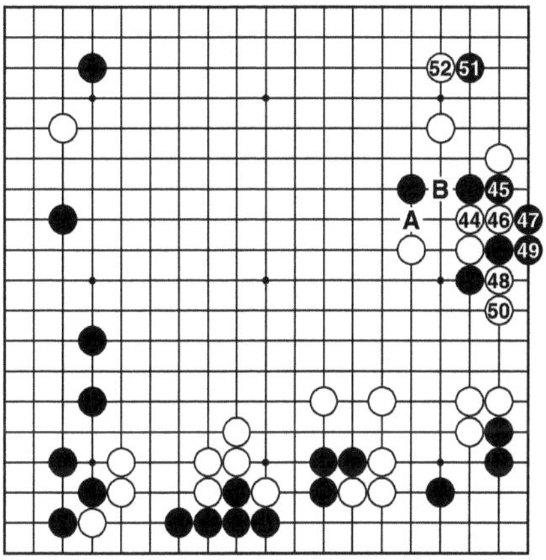

Figur 5 (44–52)

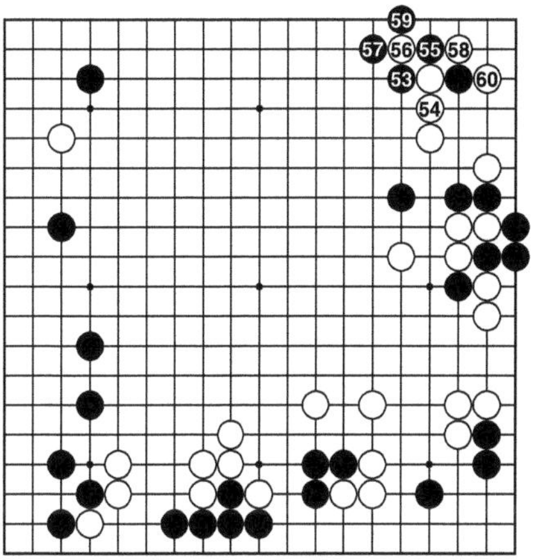

Figur 6 (53–60)

Figur 4

Weiß 38 erscheint in Anbetracht der darunter befindlichen Position recht nah, doch es ist im Grunde der einzige Zug für einen Angriff.

Weiß 42 und nachfolgende Züge veranschaulichen wunderbar Senkakus Spielstil.

Antwortet Schwarz statt 43 auf A, dann blockt Weiß auf B. Oder wählt Schwarz C, dann streckt Weiß auf 43. Wie es auch kommt, Weiß ist zufrieden, einen Vorstoß von Schwarz auf D verhindert zu haben. Das ist die Intention von 42. Schwarz 43 ließ sich daher nicht vermeiden.

Figur 5

Die Abfolge bis Weiß 50 ist unausweichlich für beide Seiten.

Nun kommt was kommen muss: Schwarz 51 ist der kritische Punkt für eine Invasion. Schwarz versucht eine Basis zu errichten und Weiß die Ecke abzunehmen.

Weiß 52 ist wahrlich dickköpfig wie kein anderer Zug hier. Er muss sich später noch entsinnen, dass einer der beiden Punkte A oder B Vorhand für Schwarz ist.

Figur 6

Das Klemmen mit Schwarz 53 ist eine Standardtechnik.

Würde der Zug als Hane auf 55 gespielt, dann streckt Weiß ruhig auf 53, was zwangsläufig keinen Weg für Schwarz offen lässt.

Die weitere Abfolge bis 60 ist wieder unumgänglich für beide Seiten.

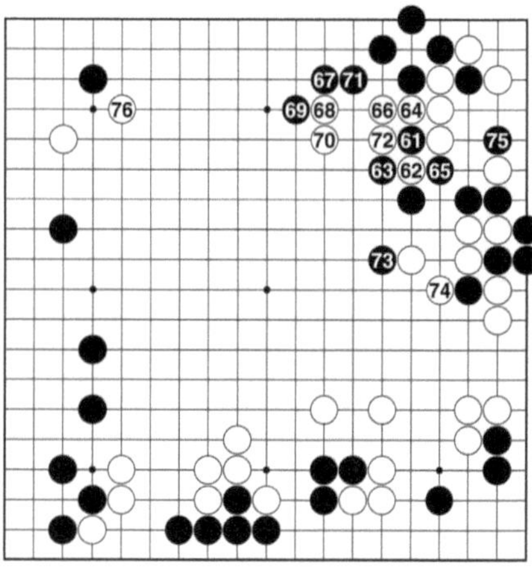

Figur 7 (61–76)

Figur 7

Sicher ist Schwarz für seine Eile von 61 zu kritisieren. Ich denke, es ist vernünftiger zurückhaltend auf 1 in Diagramm 2 zu spielen. Der Schnitt durch das Keima kann mit dem Blocken auf 3 beantwortet werden. Dann gäbe es nichts, worüber sich Sorgen zu machen wäre.

Weiß 62 zuerst auf 64 erlaubt es Schwarz, wie in Diagramm 3 zu verbinden.

Weiß 62 vor 64 lässt Schwarz auf 65 schlagen. Doch das Durchstrecken auf 66 bringt eine dunkle Ahnung. Nach Weiß 72 ist die Gefahr eines Angriffs gegen Schwarz immens gestiegen.

Das Klemmen auf 75 verbindet die eigene Abwehr mit einer Drohung gegen die weiße Basis in der Ecke.

Das Abwenden zu 76 ist ein Versuch, die Frontlinien weiter auszudehnen. Ab hier verdienen die vielseitigen Fähigkeiten von Weiß alle Beachtung.

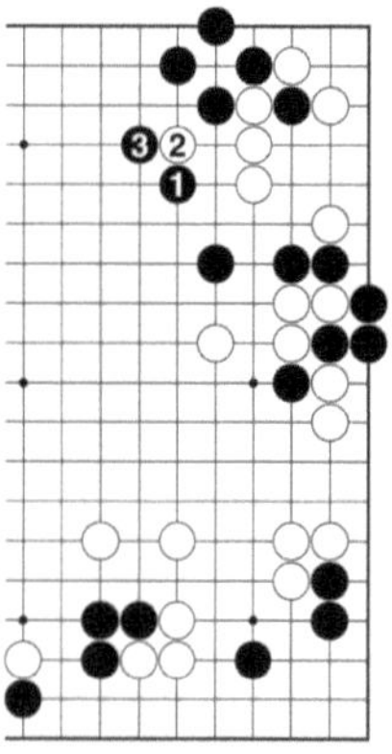

Diagramm 2

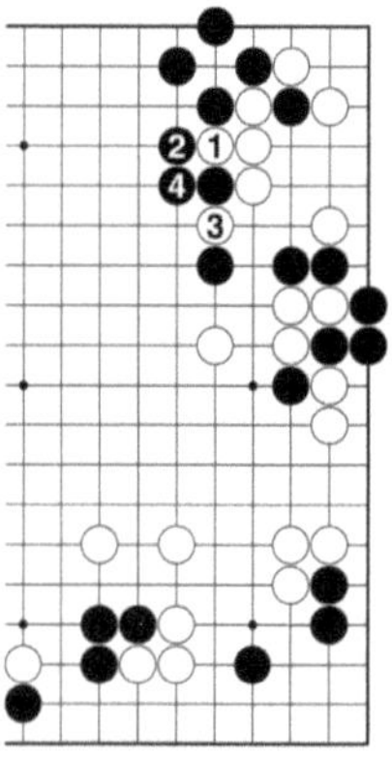

Diagramm 3

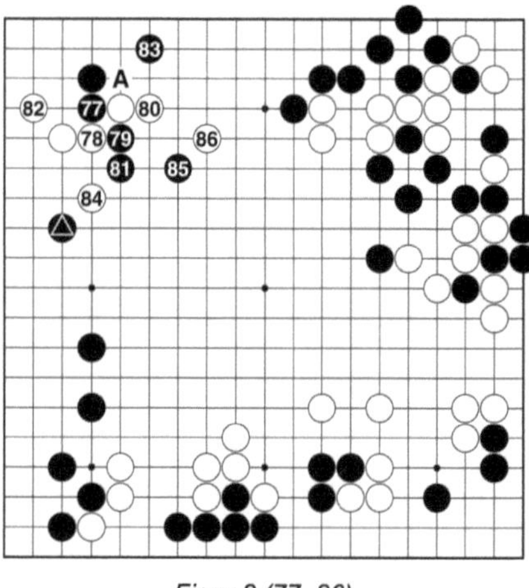

Figur 8 (77–86)

Figur 8

Dem Druck von Weiß 76 kann Schwarz kaum mit A nachgeben. Das Durchstechen auf 77 und das Schneiden sind wagemutig aber erzwungen. Sie fordern Weiß zu einem Kampf heraus.

Die Kombination von Weiß 82 und 84 folgt dem Joseki, in dem Schwarz den niedrigen (hier markierten) Klemmzug gespielt hat.

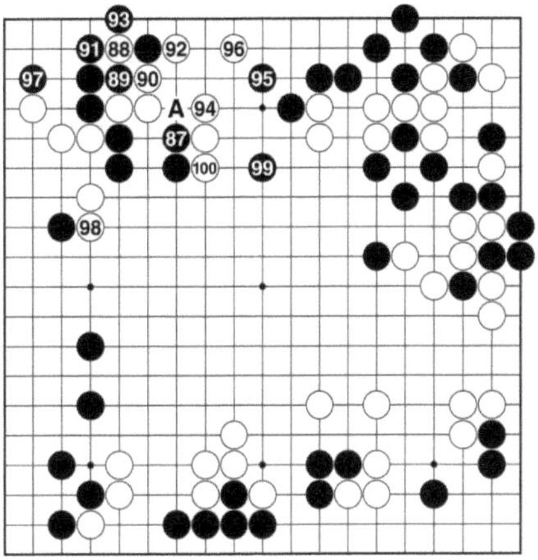

Figur 9 (87–100)

Figur 9

Weiß 88 ist interessant. Der Zug ermöglicht das Forcieren mit Weiß 90 und 92, sodass Weiß auf 94 zurückziehen kann. Würde er statt 88 einfach auf A blocken oder gäbe er gleich mit 94 nach, dann wäre die Form nicht sonderlich stabil.

Nach dem Abtausch von Schwarz 99 und Weiß 100 sind die Frontlinien schließlich weiträumig ausgelegt. Schwarz hat den Vorteil des ersten Zugs bereits eingebüßt.

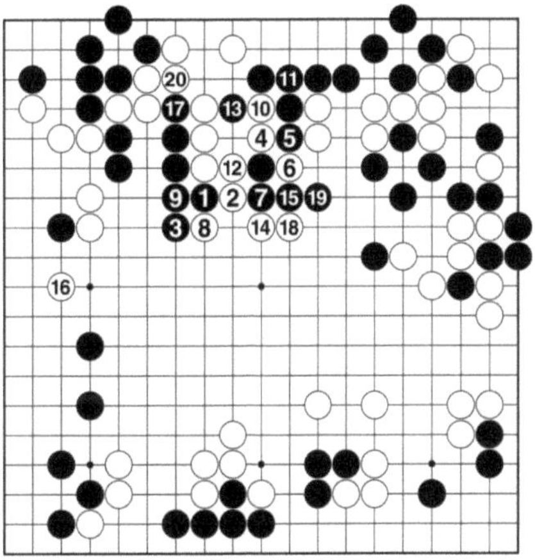

Figur 10 (101–120)

Figur 10

Weiß antwortet auf Schwarz 101 und 103 mit der Tesuji-Kombination 104 und 106. Einfach auf 112 verbinden wäre schlechte Form. In der Abfolge bis 112 zwingt Weiß mit 104 Schwarz zu 107. So sind die weißen Züge insgesamt effizienter.

Wir können davon ausgehen, dass Weiß auf Schwarz 113 hin nicht seine eigenen Freiheiten nehmen wollte, und deshalb das Verbinden verweigerte.

Schlägt Schwarz mit 119 die zwei Steine, dann wird Weiß die Abfolge in Diagramm 4 wählen. Oder wenn Schwarz wie in Diagramm 5 schlägt, dann wird Weiß das Ko schlagen und die Dinge anders angehen.

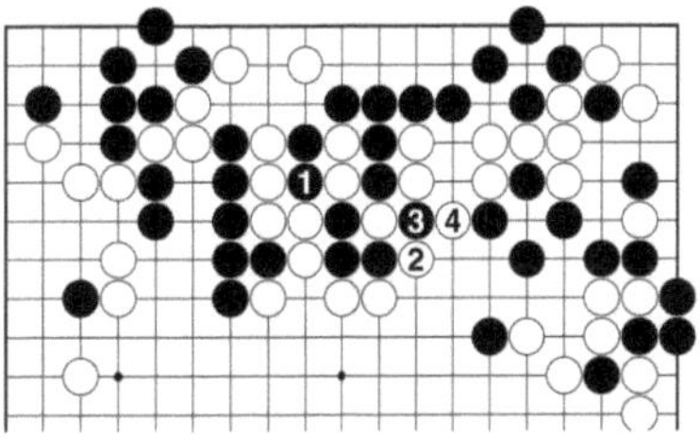

Diagramm 4

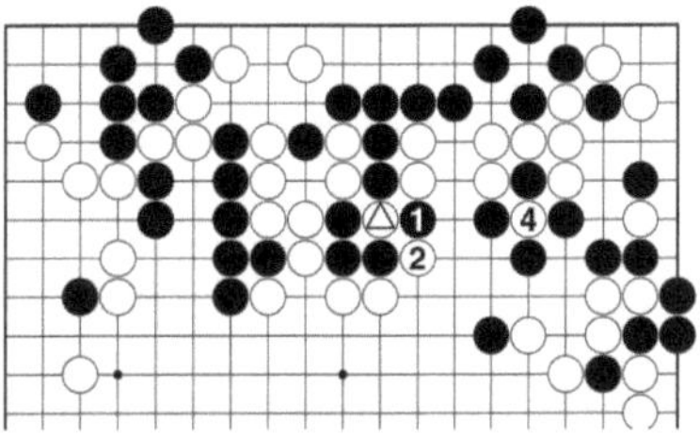

Diagramm 5
Weiß 3 auf △

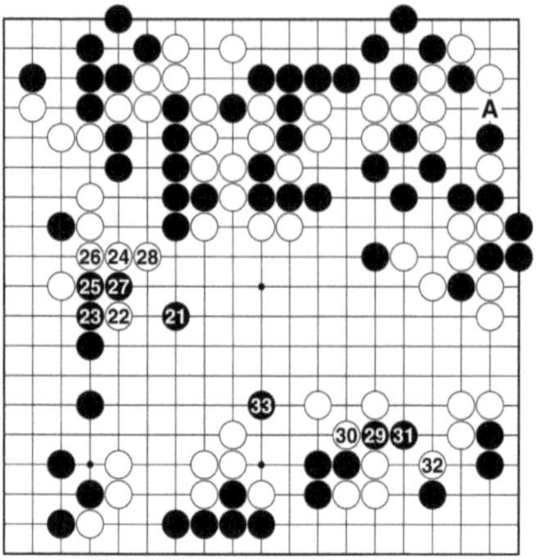

Figur 11 (121–133)

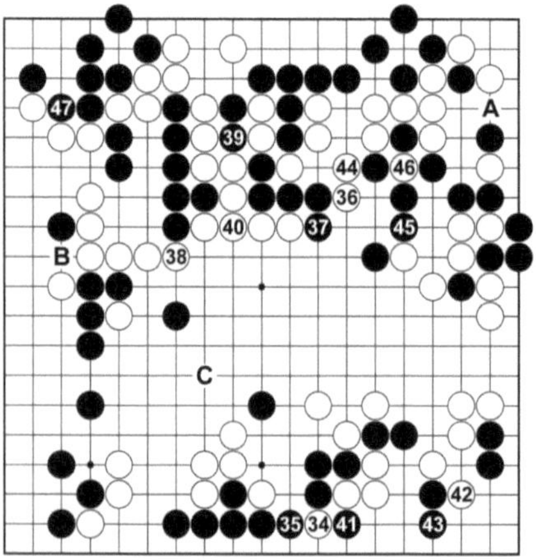

Figur 12 (134–147)

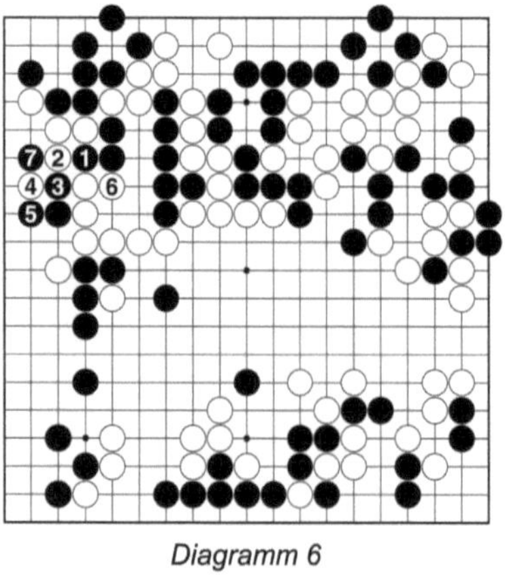

Diagramm 6

Figur 11

Anstatt von 121 hätte Schwarz A wählen können, um es Weiß unmöglich zu machen, in der Ecke zu leben.

Schwarz 129, 131 und 133 sind ausnahmslos Fehler. Der kritische Punkt A würde Weiß nicht nur rechts oben töten, sondern auch die Balance der Partie wenden.

Das wahrlich Seltsamste an dieser Partie ist der Umstand, dass Schwarz diesen Zug A nie spielte, sodass Weiß später zu 144 kommen sollte, den wir noch sehen werden.

Schwarz 129 und 131 können zwar noch zugestanden werden, da sie Vorhand bedeuten, aber 133 muss die Gelegenheit ergreifen und die Ecke rechts oben zu fangen.

Figur 12

Weiß 136 leitet 138 und 140 ein, die die acht schwarzen Steine sterben lassen.

Nach 141 und 143 ist für Schwarz die Gelegenheit verloren, in der Ecke rechts oben auf A zu spielen. Weiß 144 und 146 rauben nun der schwarzen Gruppe die Stabilität.

Schwarz 147 droht die Abfolge in Diagramm 6 an. Auch ist auf B noch ein wenig zusätzliches Aji vorhanden.

Gemessen an Punkten die Schwarz 147 einbringt, ist der Zug keineswegs klein. Dennoch ist mir der Zug unerklärlich. Ich würde einen Punkt in der Gegend um C herum wählen.

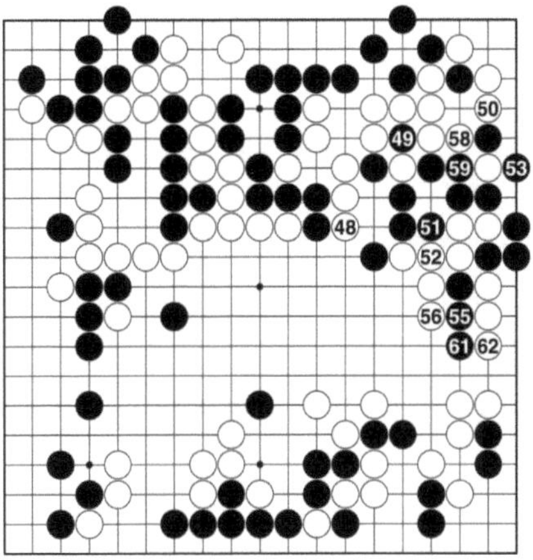

Figur 13 (148–163)
Ko: 54, 57, 60, 63

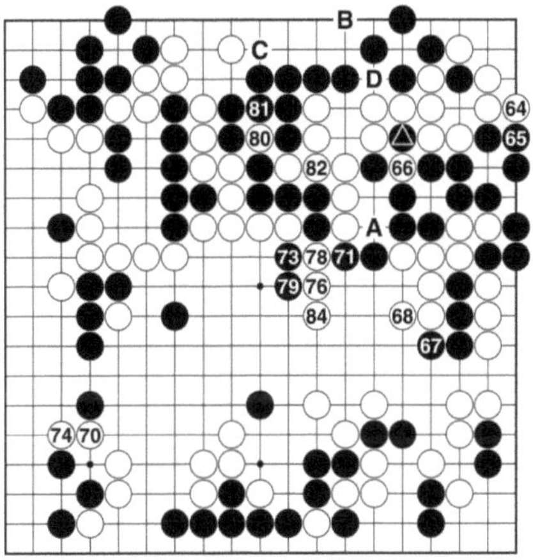

Figur 14 (164–184)
Ko: 69, 72 und 75; 77 auf 66; 83 auf 80

Figur 13

Wenn das Schieben mit 148 den einzigen Zweck hätte, die Gruppe in der oberen Ecke zu sichern, so wäre dieser Zug unbefriedigend. Doch tatsächlich wird die Ecke größer und größer und ermöglicht Weiß die Führung zu übernehmen.

Figur 14

Das Blocken auf 171, statt den Rand auf 174 zu sichern, beruht ohne Zweifel auf der Einschätzung, dass nachdem Weiß das Ko schlägt, die zwei Schnittpunkte 178 und A nicht zu halten wären.

Schwarz 173 bringt nichts ein, denn er gibt Weiß den Weg für 174 frei, und das zumal die weiße Gruppe in der oberen rechten Ecke noch nicht einmal eindeutig tot ist.

Verbindet Schwarz auf 178, statt das Ko auf 166 zu decken, würde der Schnitt auf A ungemein bedrohlich, sobald Weiß wieder das Ko schlägt.

Nach Weiß 184 droht ein Ko um die obere Seite, das Weiß B, Schwarz C und Weiß D in die Wege leiten.

Schwarz (Honinbo Retsugen) erklärt nach 184 Zügen seine Niederlage.

○ Senkaku vs. Inoue Intatsu Inseki ●

12. Dezember 1791 (Kansei 3 XI 17)

In dieser Partie wird Inoue VIII Inseki vorgestellt, dessen ursprünglicher Familienname Yoshimasu lautete. Er stammte aus der Region Saeki in der Provinz Aki (heute Hiroshima) und war ein Schüler von Inoue VII Shuntatsu Inseki 7. Dan. Zur Zeit dieser Partie war er 29 Jahre alt.

Da Senkaku in Kyowa 1 (1801) den 8. Dan erhielt, können wir annehmen, dass er hier den 7. Dan inne hatte. Inseki war sehr wahrscheinlich 6. Dan.

Von den Burgkämpfen des Jahres Kansei 3 ist nur diese eine Partie überliefert[1]. Mehr ist über die Hintergründe nicht bekannt.

Ich habe Mutmaßungen vernommen, diese Partie sei als Jigo kreiert worden, jedoch hege ich Zweifel, dass dem tatsächlich so ist. Fürwahr, ich bin geneigt, diese Theorie abzuweisen.

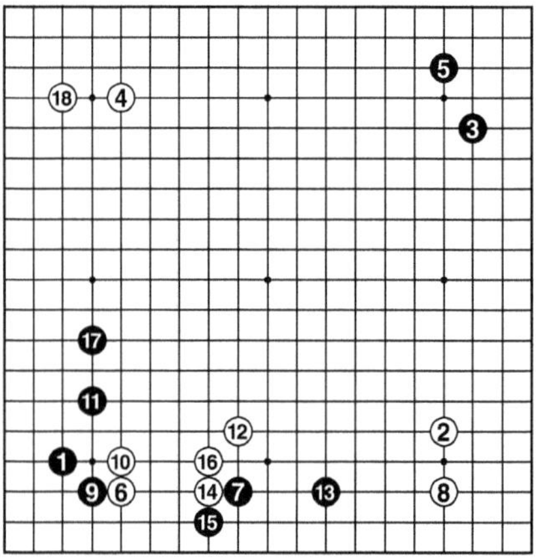

Figur 1 (1–18)

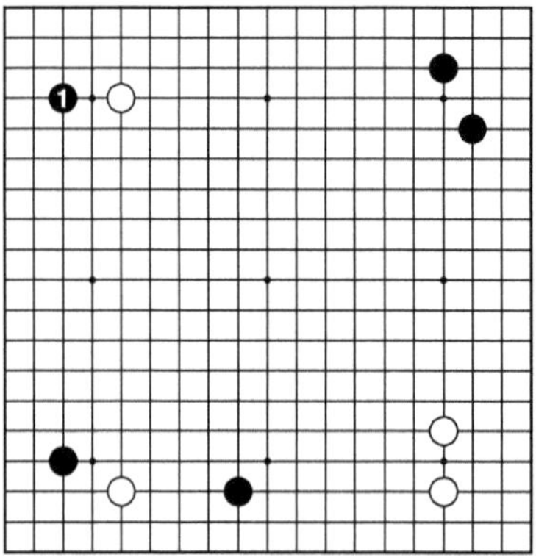

Diagramm 1

Figur 1

Die Spielzüge von Weiß 8 bis Schwarz 17 sind zu jener Zeit sehr gebräuchlich und auch heute findet dieses Joseki gelegentlich Anwendung. Daher bedarf es vermutlich keiner weiteren Erläuterung.

Wenn Schwarz den weißen Eckeinschluss auf 18 verhindern möchte, dann hätte er statt 9 auf 18 spielen müssen, wie es Diagramm 1 zeigt. Dies ist jedoch beileibe kein Zug, den ein Spieler mit dem Vorrecht des ersten Zugs tatsächlich spielen möchte.

1 *Heute sind uns zwei Partien bekannt.*

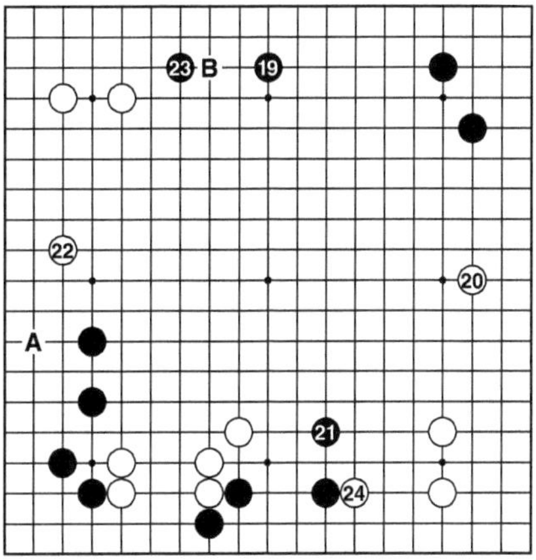

Figur 2 (19–24)

Figur 2

Sowohl Schwarz 19 als auch Weiß 20 besetzen große Punkte. Die Richtung des Eckeinschlusses rechts oben gibt Schwarz natürlich den Vorzug für 19.

Aus Schwarz 21 können wir schließen, dass ihm ein weißer Zug hier nicht gefallen hätte.

Und wieder sind Weiß 22 und Schwarz 23 gute Miai-Punkte. Der Unterschied ist, dass Weiß mit 22 eine Auge auf das Gleiten nach A wirft, während Schwarz nur ungern auf 23 verzichtet, da Weiß hier die Probeausdehnung auf B bekäme.

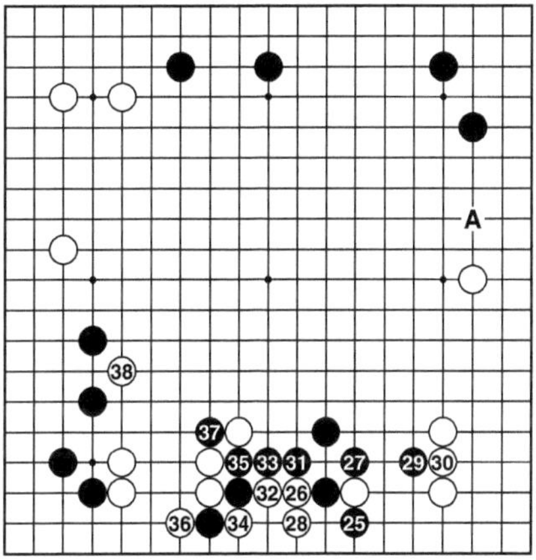

Figur 3 (25–38)

Figur 3

Spielt Schwarz statt 25 das Hane oben herum und Weiß, wie im Diagramm 2 gezeigt, streckt auf 2, dann kann er ganz nach seinem Belieben zwischen 3 und A wählen. Doch das Klemmen mit 26 zwingt ihn nun, den ganzen Weg bis Weiß 32 mitzugehen. Wie auch immer, Weiß 24 und 26 sind ein unerwarteter Überraschungsangriff.

Der Abtausch von Schwarz 29 und Weiß 30 wirkt auf die Ecke, ist jedoch nicht zu verhindern.

Es ist unmöglich, Schwarz 31 auf irgend einen anderen Punkt zu spielen, denn sonst besetzt Weiß diesen Punkt.

Weiß 32 vor dem Schnitt 34 gebieten Schwarz die Züge 33 und 35 zu spielen.

Ich habe Zweifel, wie gut der Schnitt von Schwarz 37 ist. Hätte er statt dessen die übliche Ausdehnung auf A gewählt, ihm stünden wohl weniger Probleme ins Haus. In der Partie, so meine ich, wirft er nur unnötige Komplikationen auf.

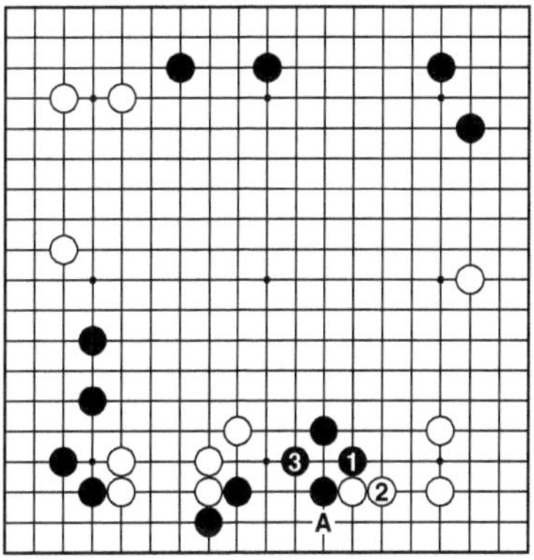

Diagramm 2

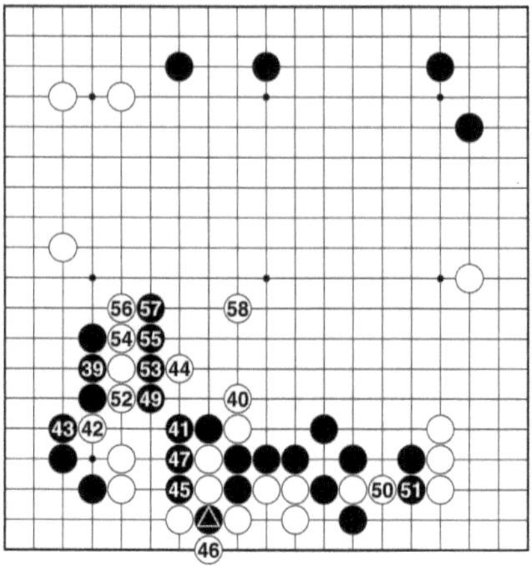

Figur 4 (39–58) 48 auf ▲

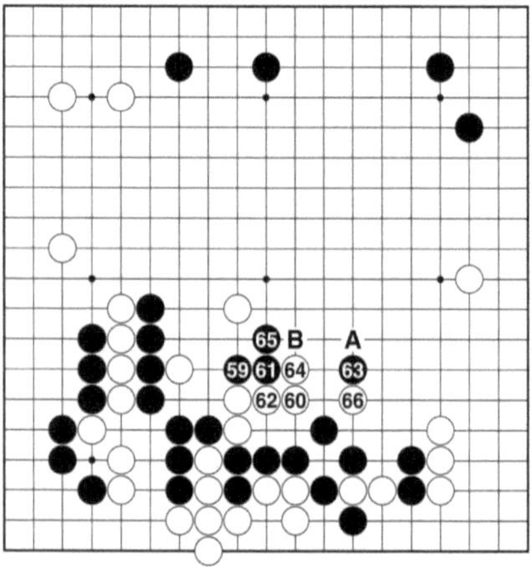

Figur 5 (59–66)

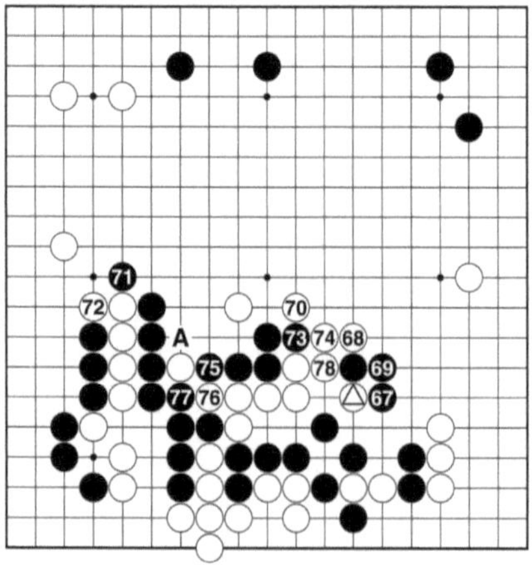

Figur 6 (67–78)

Figur 4

Das Forcieren mit 45 und 47 sind der einzige Trost für Schwarz, ungeachtet dessen, dass es an sich schon so eine Sache mit dem Schnitt ist.

Schwarz 49 auf 52 wäre nicht möglich und so folgen die Züge bis Weiß 58 einem natürlich Spielfluss.

Figur 5

Das Anlegen mit 59 ist eine Standardtechnik. Würde Weiß unbedacht auf 61 setzen, dann beendet Schwarz mit 62 die Partie.

Weiß 60 und 62 sind in Betracht der Reihenfolge nicht effizient, doch sie zwingen Schwarz zur schlechten Form mit 65.

Wagt Weiß statt 66 einen Ausbruch auf A, so würde Schwarz diesen mit B zu nichte machen. Ich überlasse es dem Leser, sich selbst davon zu überzeugen, dass die fünf weißen Steine nicht mehr gerettet werden können.

Figur 6

Das Drücken auf 70 macht gute Form für Weiß. Um diesen Zug ausführen zu können, musste Weiß jedoch die seltsam anmutenden Züge 66 und 68 in Kauf nehmen.

Es wäre wohl etwas besser, wenn auf den Abtausch von Schwarz 71 und Weiß 72 verzichtet werden könnte. Darauf zu verzichten bedeutet aber, dass nach 73 bis 77 Weiß auf A herausziehen kann.

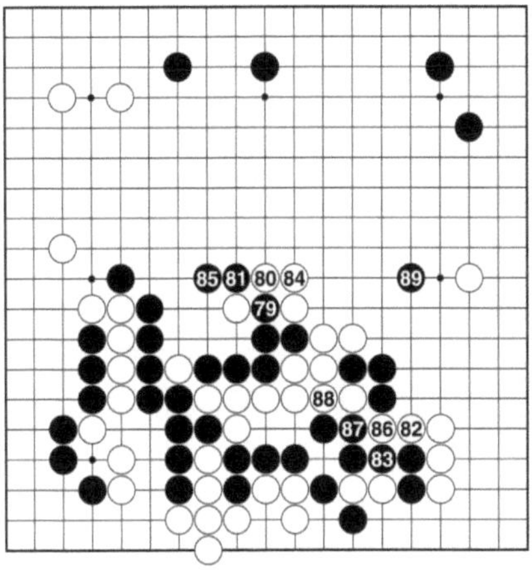

Figur 7 (79–89)

Figur 7

Schwarz gelingt es beide Seiten mit 83 und 85 zu festigen. Aber man darf nicht zu vernachlässigen, dass am rechten Rand die Aussichten für Weiß auf sichere Punkte mitnichten klein sind.

Schwarz 89 ist ebenso offensichtlich wie wichtig, es ist ein Punkt um Moyos zu begegnen.

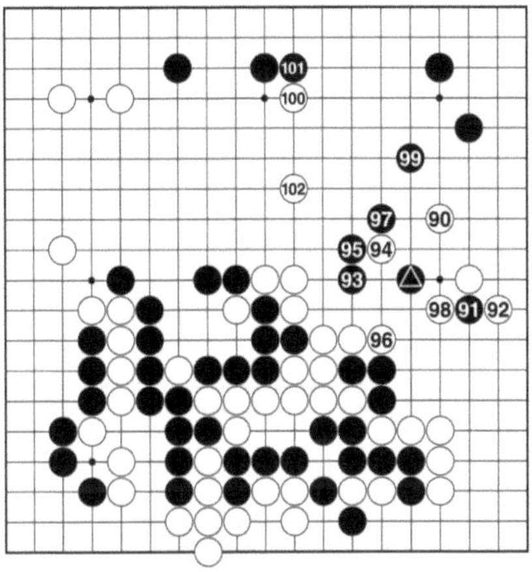

Figur 8 (90–102)

Figur 8

Weiß muss die rechte Seite verteidigen, aber Weiß 90 ist auch ein Probezug um die Reaktion von Schwarz zu erkunden.

Schwarz 93 ist gute Form und hatte sich schon mit Schwarz 89 angekündigt.

Weiß 96 und 98 sichern die rechte Seite und Schwarz schließt nun Weiß mit 99 ein.

Weiß 100 und 102, zwei leichte und sanfte Reduktionszüge, geben Weiß Grund zur Zuversicht.

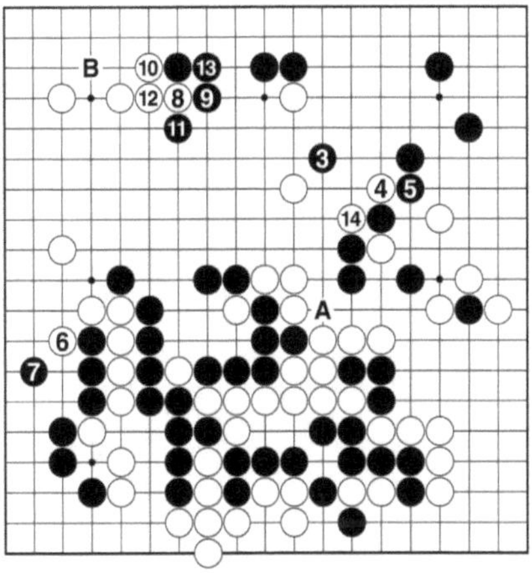

Figur 9 (103–114)

Figur 9

Schwarz 103 ist eine Frage des Geschmacks.

Weiß 104 zielt auf 114 und beugt zugleich dem Schnitt auf A vor.

Für Schwarz 109 sind verschiedene Varianten der Abwehr denkbar, wie 112 oder B. Es ist anzunehmen, dass sich Schwarz in einer knappen Partie vorn sah und so sind 109 wie auch 113 eine zuverlässige Spielweise.

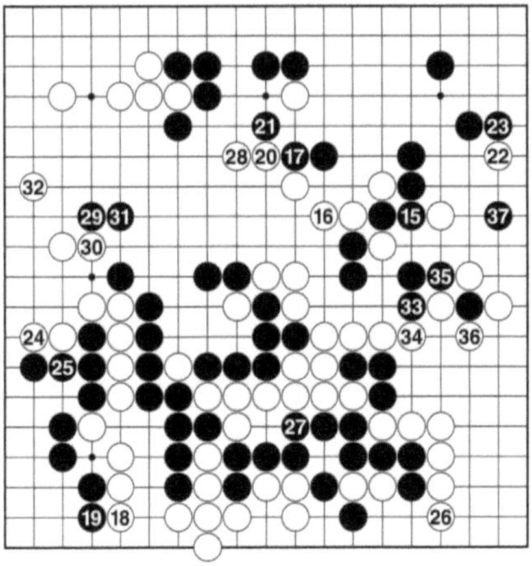

Figur 10 (115–137)

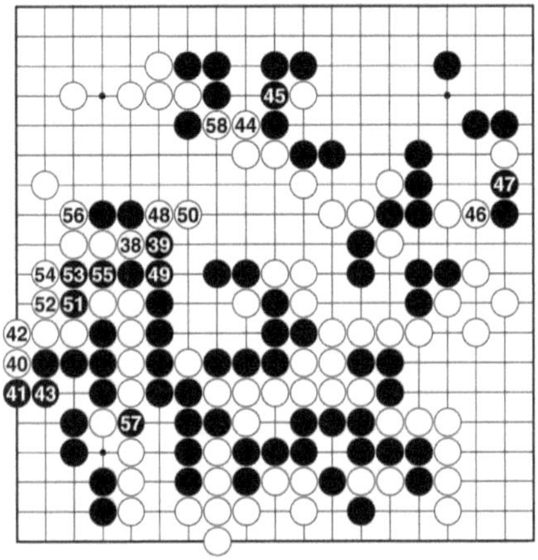

Figur 11 (138–158)

Figur 10

Wenn Weiß 126 auf 127 setzt, dann lebt Schwarz wie in Diagramm 3 gezeigt.

Figur 11

Mir fällt es schwer, Schwarz 149 zuzustimmen. Der Tausch bis Weiß 158 ist sicherlich ein Verlust für Schwarz. Statt 149 hätte er wie in Diagramm 4 verbinden sollen. Ich denke, die Partie wäre dann noch immer sehr knapp und hätte Schwarz sogar einen kleinen Vorteil gegeben.

Nach Schwarz 5 im Diagramm 4 ist es für Weiß nicht möglich auf A zu schneiden, denn er muss noch einmal auf 6 zurückkommen. Das gibt Schwarz Zeit zum Umbiegen und Verbinden mit 7 und 9, die ihm einen weiteren guten Forcierzug auf B erlauben.

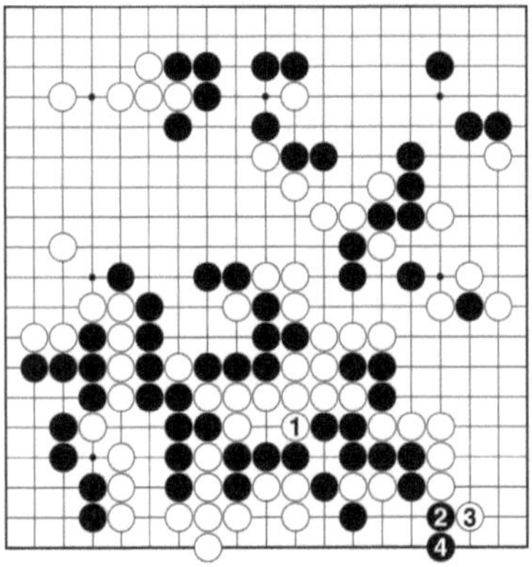

Diagramm 3

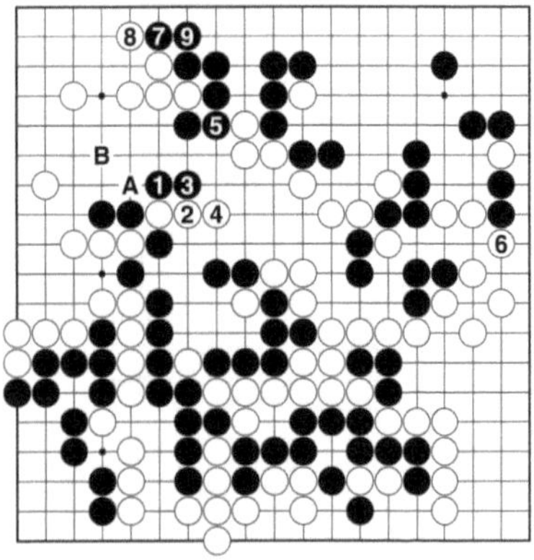

Diagramm 4

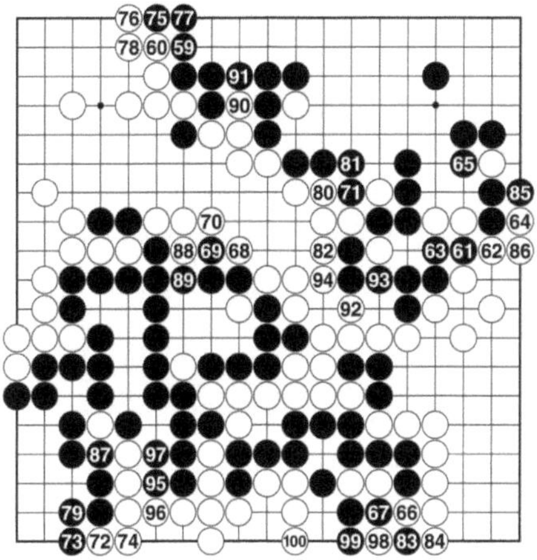

Figur 12 (159–201)
101 auf 83

Figur 12

Obwohl die Partie unentschieden endet, so zeigt sie doch ein sehr interessantes Spiel.

Schwarz gewinnt das letzte Ko.

Jigo (punktgleich) nach 201 Zügen.

Kono Mototora vs. Senkaku

10. Dezember 1783 (Tenmei 3 XI 17)

Ich möchte kurz den Spieler Kono Mototora vorstellen, den ich für diese Partie ausgewählt habe.

Mototara stammt aus Osaka und trug den Namen Toranosuke. Er lernte als Kind Go und als er etwas älter wurde, schickte man ihn dank der Förderung von Kojima Doshi nach Edo. Kojima selbst war ein Amateurspieler aus Kyoto, der auch unter den Namen Kojima Dairoku und Kojima Tosonoshin (Nun weiß man, dass er als Sohn von Doshi adoptiert wurde) bekannt war und selbst etwa 5. Dan-Stärke hatte. Seine stärkste Zeit lag in der Meiwa Ära (1764–1779). Kono verbesserte nun sein Spiel schnell, wurde 5. Dan und nahm den Namen Mototora an.

In Tenmei 3 (1783) erhielt er den 6. Dan. Im gleichen Jahr trat er auch erstmalig in den Burgkämpfen auf. Mototora starb in der Bunka Ära.

In seinen späten Jahren stellte er ein größeres Werk, das *Kisokuhen,* zusammen. Jedoch starb er bevor es veröffentlicht werden konnte. So ist dieses Buch zu großem Bedauern leider nie erschienen.

Nach der Tradition hätte Mototora eine Zeit lang von Honinbo X Retsugen adoptiert gewesen sein müssen. Es ist jedoch unklar, ob dem tatsächlich so gewesen ist. Bestätigt ist, dass sein Go zahlreiche Ungeschicklichkeiten enthielt. Und es ist dennoch bemerkenswert, den 6. Dan zu erlangen ohne im Einfluss einer der vier Familien zu stehen. Daher können wir überzeugt sein, dass er kein gewöhnliches Talent war.

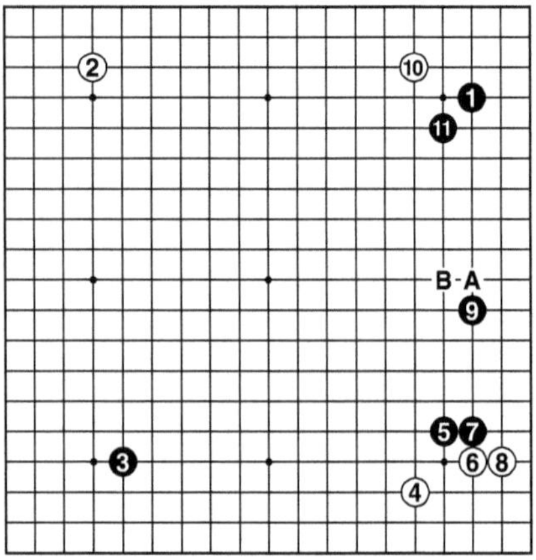

Figur 1 (1–11)

Figur 1

Schwarz 9 könnte ein Linie weiter entfernt auf A stehen und Weiß 10 und Schwarz 11 würden ebenso folgen. Wahlweise könnte, den neumodischen Ideen zu hohen Stellungen folgend, Schwarz 9 sogar hoch auf B platziert werden.

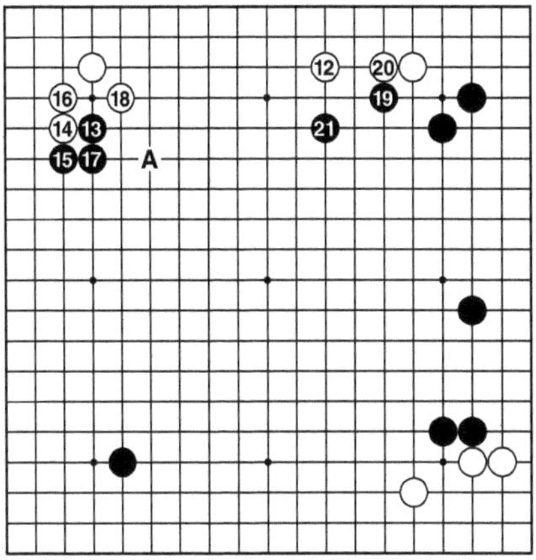

Figur 2 (12–21)

Figur 2

Es wäre ebenso ein kraftvoller Plan, mit Weiß 12 die obere linke Ecke auf 13 einzuschließen. Wenn Schwarz nun einen Klemmzug spielt, dann kann Weiß wie in Diagramm 1 gezeigt Widerstand leisten.

Schwarz 13 bis 19 und auch 21 formen eine sehr interessante, konzertierte Strategie. Ich würde mich freuen, wenn Sie die großartige Kunst genießen können, die Schwarz hier zur vorstellung bringt und es nicht zulässt, dass Weiß den Punkt A besetzen kann.

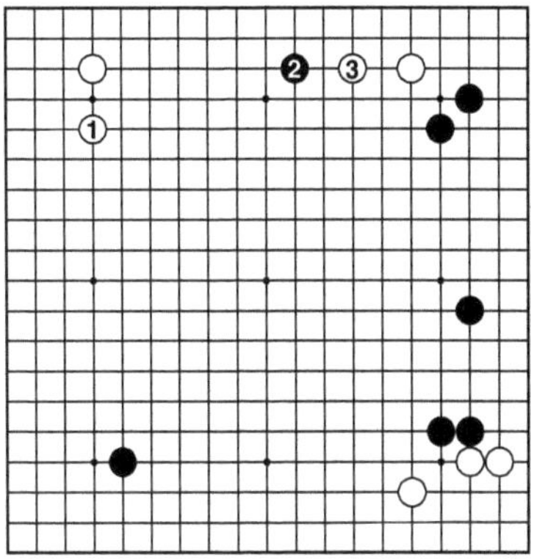

Diagramm 1

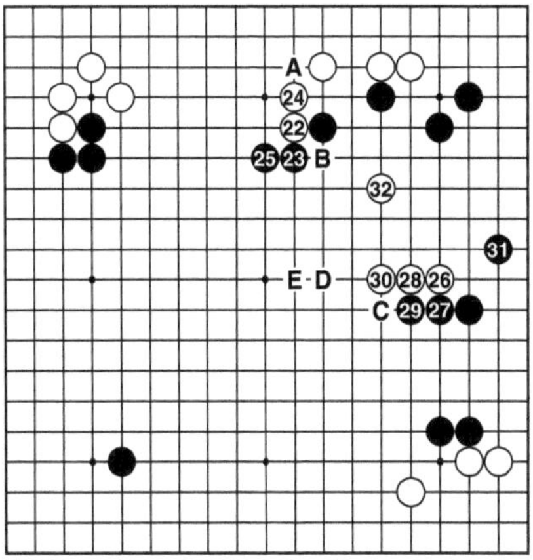

Figur 3 (22–32)

Figur 3

Weiß kann nicht auf 22 verzichten, da Schwarz sonst auf A anlegt, was ein schwerwiegender Angriff wäre.

Weiß 26 setzt Hoffnung in eine Reduktion des schwarzen Moyo am rechten Rand und zielt zugleich auf den Schnittpunkt B ab. Das ist vermutlich die Gegend auf die hier jederman schaut.

Das Schieben mit Schwarz 27 und 29, gefolgt von dem Gleiten auf 31, sind eine Standardzugfolge. Statt Weiß 32 gibt es drei übliche Fortsetzungen: das Umbiegen auf C, der Ein-Punkt-Sprung auf D und der Zwei-Punkt-Sprung auf E. In der vorliegenden Stellung erscheint D die vernünftigste Wahl.

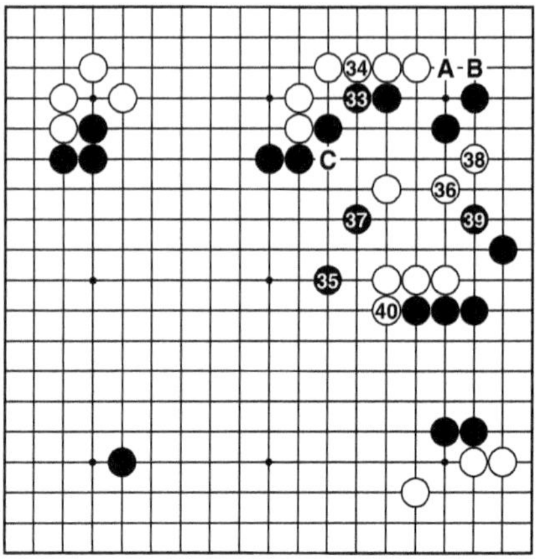

Figur 4 (33–40)

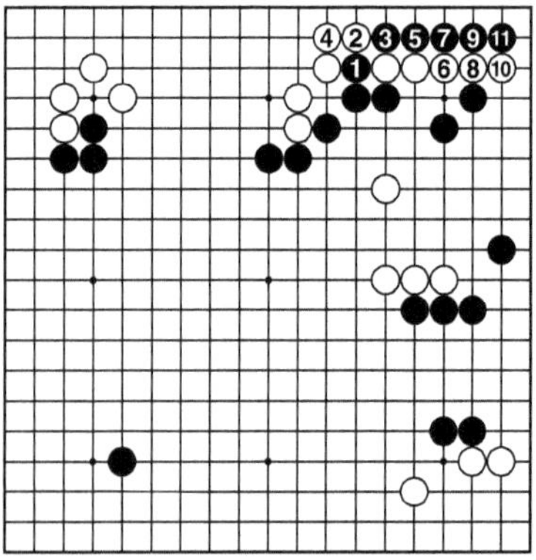

Diagramm 2

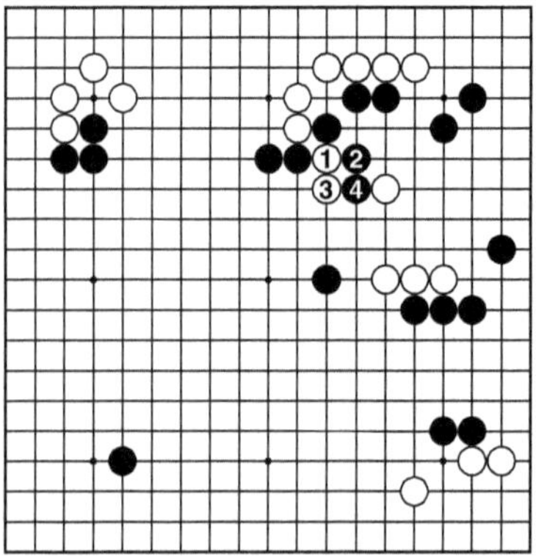

Diagramm 3

Figur 4

Es gibt keinen Grund zu sagen, der Abtausch Schwarz 33 für Weiß 34 wäre unbefriedigend für Schwarz. Spielt Weiß statt 34 auf A, so kann er große Punkte mitnehmen indem er weiter auf B schiebt. Jedoch wäre A ein Fehler, denn er verwechselt schnell und langsam.

Lässt Weiß den Stein auf 34 aus, dann wird Schwarz ihn hier, wie Diagramm 2 zeigt, zerstören.

Schwarz 35, der Weiß die Entwicklung zum Zentrum nimmt, ist üblich. Statt 36 jetzt unmittelbar auf C zu schneiden, führt zur Entwicklung im Diagramm 3.

Schwarz 37 verhindert den Schnitt noch nicht, daher kann Weiß weiterhin darauf abzielen oder verschiedene Forcierzüge erwägen. Die Situation in dieser Gegend ist somit noch nicht geklärt.

Bemerkenswert ist zudem, dass Schwarz einen weiteren Stein zu 37 hinzufügen muss, um Weiß anzugreifen.

Lässt Schwarz den Zug 39 aus, so wird Weiß hier spielen und seine Stellung stabilisieren.

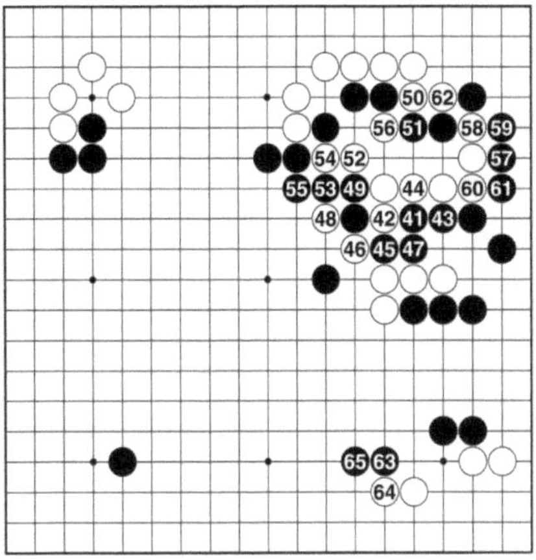

Figur 5 (41–65)

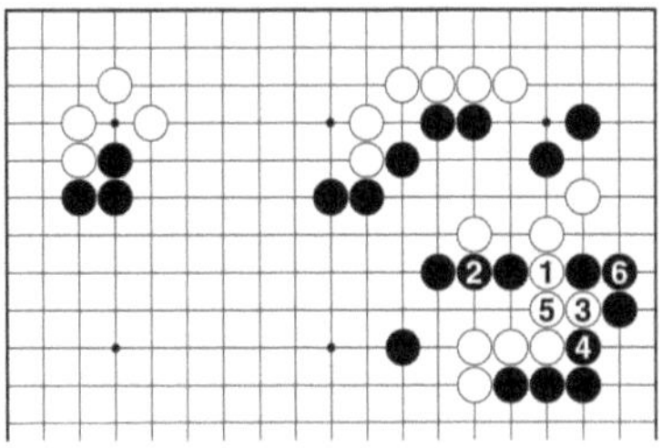

Diagramm 4

Figur 5

Schwarz 41 schlägt auf dem vitalen Punkt zu. Weiß 42 auf 43 führte zum vollständigen Verlust der Basis, gezeigt in Diagramm 4. Weiß wäre in Not.

Weiß 42 auf 44 ist natürlich keine Option.

Schwarz 45 und 47 erzeugen einen mächtigen, herausfordernden Schnitt. Die Züge bis Weiß 62 folgen einem natürlichen Fluß für beide Seiten. Das Anlegen mit Schwarz 57 in dieser Abfolge verdient Aufmerksamkeit. Es nutzt den Freiheitenmangel der weißen Steine aus.

Mein Gefühl sagt mir, dass nach 63 und 65 die Lage für Schwarz sehr vielversprechend aussieht.

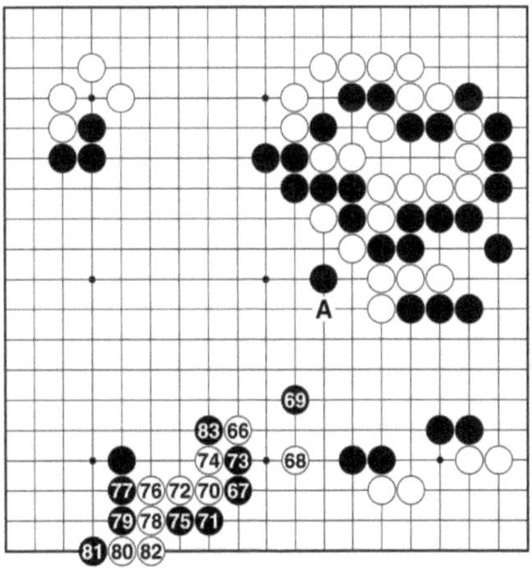

Figur 6 (66–83)

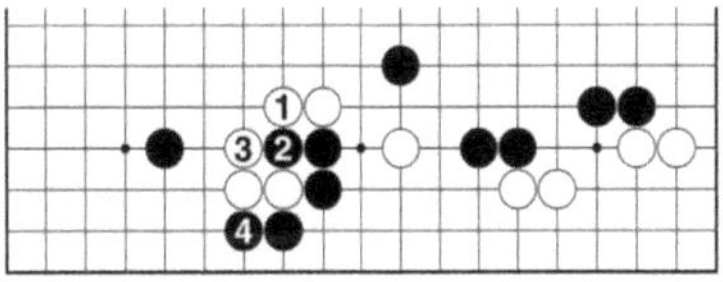

Diagramm 5

Figur 6

Sicher, Weiß 66 könnte eine Linie höher, näher zum Zentrum gespielt werden.

Schwarz 69 soll vor einem Zug von Weiß auf A schützen. Weiß 74 auf 83 ließe die Sequenz in die Diagramm 5 zu.

Schwarz 77 und 79 sind kraftvolle Züge, die Weiß aufhalten. Wenn Weiß den Schnittpunkt mit 80 auf 83 schützt, dann ist Schwarz offensichtlich damit zufrieden, auf 82 zu springen.

Ebenso, wenn Weiß statt 80 einfach auf 82 setzt, dann wird Schwarz rigoros auf 83 schneiden.

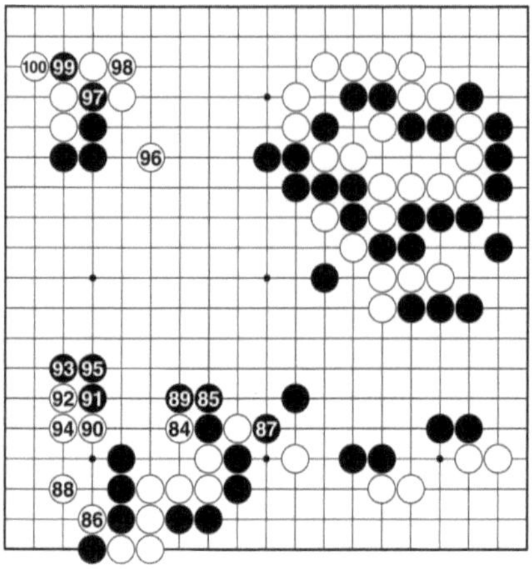

Figur 7 (84–100)

Figur 7

Zieht Weiß statt 86 auf 87 zurück, dann würde er sein Schicksal in die Hände von Schwarz legen, nachdem dieser die Sequenz in Diagramm 6 gespielt hätte.

Weiß ist gezwungen mit 88 und 90 ein Basis zu errichten.

Schwarz zeigt mit 91 seine Bereitschaft, drei Steine aufzugeben, um so den Fokus auf eine starke Stellung zum Zentrum hin zu legen.

Weiß 96 ist zweifelsohne ein ungemein wichtiger Punkt.

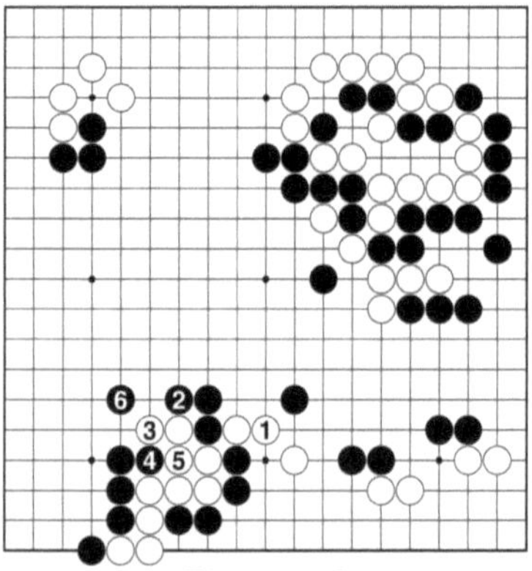

Diagramm 6

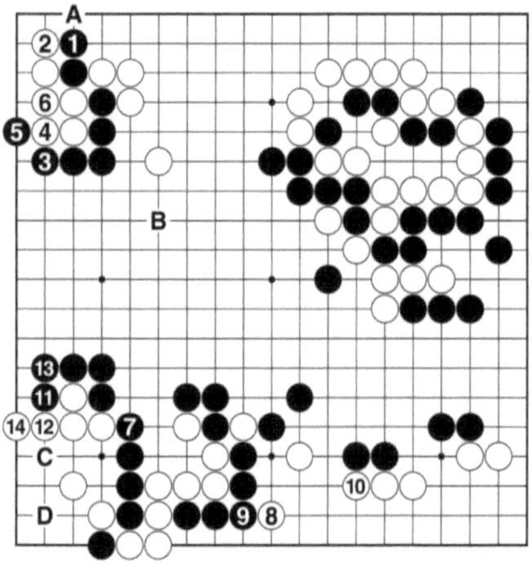

Figur 8 (101–114)

Figur 8

Auf Weiß 104 zu verzichten würde Schwarz 106 provozieren und Weiß zu A zwingen. Der Unterschied in Punkten wäre beachtlich. Es gibt noch viele große Punkte, aber Weiß 104 und 106 sind unverzichtbar.

Schwarz 107 ist ein großer Zug, der den beiden Vorhandzügen Schwarz 111 und 113 den Weg bereitet.

Das Eindringen auf B statt Weiß 108 erscheint möglich – zumindest hätte ich hier gern gespielt.

Weiß darf auf 114 nicht verzichten, denn dies öffnet die Tore für Schwarz 114, Weiß C und Schwarz D ein.

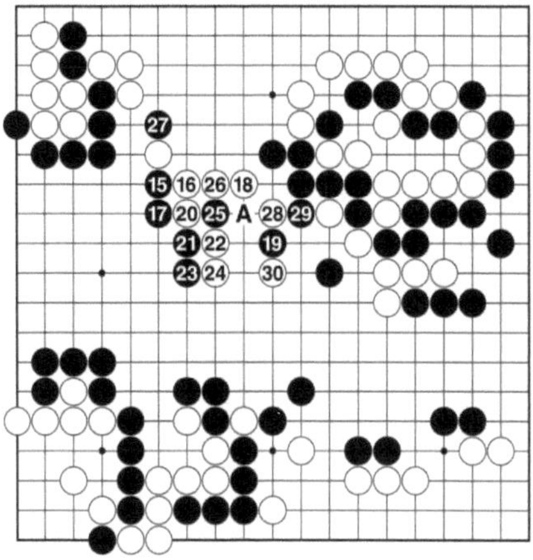

Figur 9 (115–130)

Figur 9

Auf Schwarz 119 lässt sich nur schwer verzichten, da sonst sehr viel Unsicherheit entstünde. Im Zentrum sollte Schwarz, so scheint es jetzt, nicht zu aggressiv spielen.

Wenn Schwarz statt 127 voreilig auf A spielt, dann folgt Diagramm 7.

Mit Weiß 128 und 130 ist eine erfolgreiche Reduktion geglückt. Nun ist es schwierig, eine klare Prognose abzugeben.

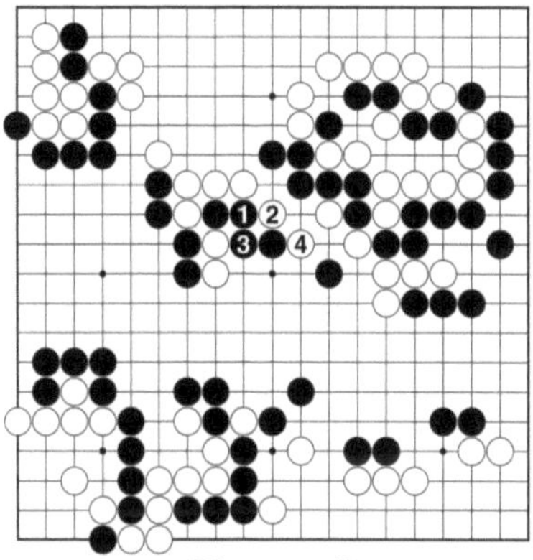

Diagramm 7

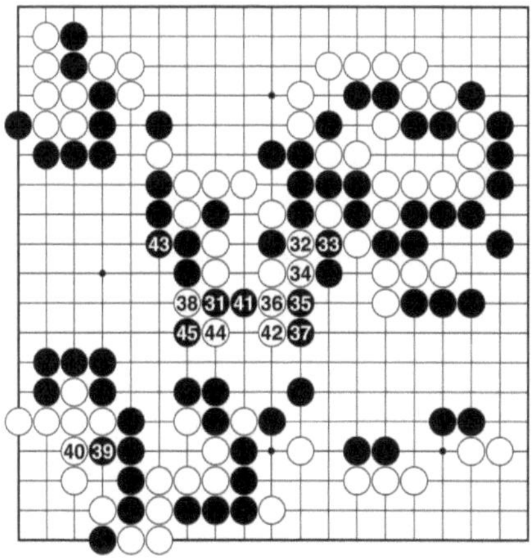

Figur 10 (131–145)

Figur 10

Die nun folgenden Züge sind für beide Seiten die einzig möglichen. Es ist nicht die Zeit, hier etwas nachzugeben, nicht einen einzigen Schritt.

Die Ecke ist nach Weiß 140 noch immer offen für einen kunstfertigen Handstreich, wie die späteren Ereignisse uns noch zeigen werden.

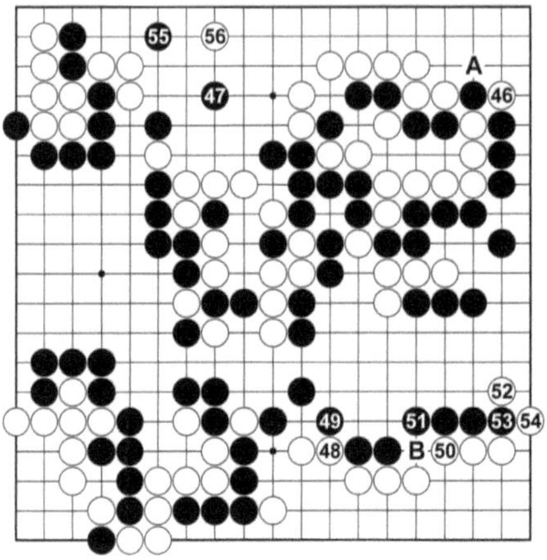

Figur 11 (146–156)

Figur 11

Weiß 146 ist jetzt ein großer Punkt. Schwarz hatte bisher nicht die Gelegenheit hier zu spielen, also auf A zu strecken.

Weiß 150 soll erst die Antwort von Schwarz erfragen. Antwortet Schwarz auf B statt 151, dann wird Weiß auf 153 schieben, statt auf 152 zu springen.

Schwarz 155 ist ein Standardzug. Wenn Weiß wie in Diagramm 8 antwortet, dann wird Schwarz die Opfersequenz bis 6 spielen und anschließend die rechte Seite reduzieren.

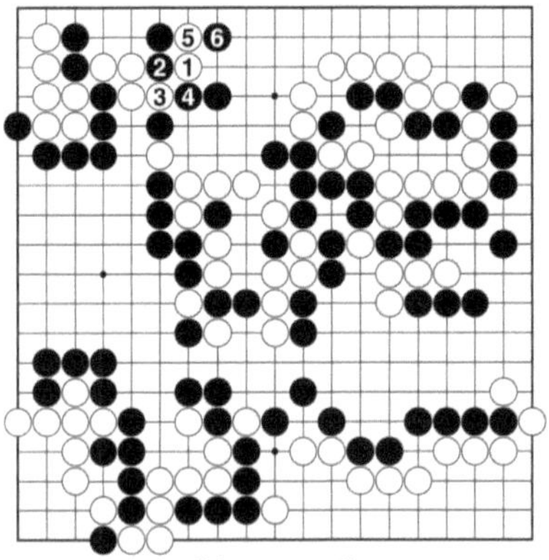

Diagramm 8

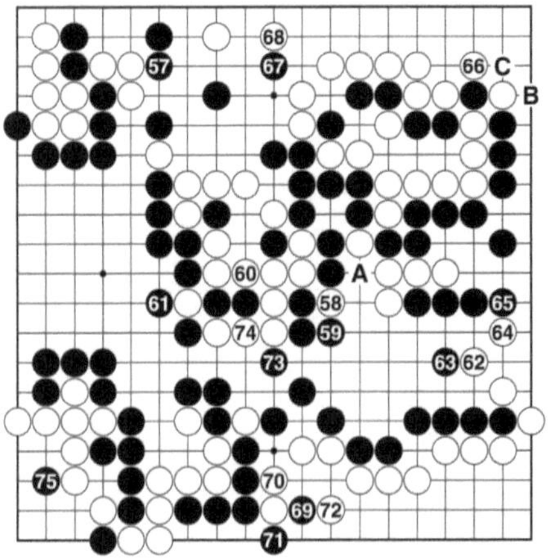

Figur 12 (157–175)

Figur 12

Weiß 158 bereitet die Fortsetzung auf A vor.

Verzichtet Weiß auf 166, dann wird Schwarz hier gern C spielen statt nur B.

Schwarz 175 ist ein wunderschönes Tesuji. Diese Invasion meißelt den schwarzen Sieg in Stein.

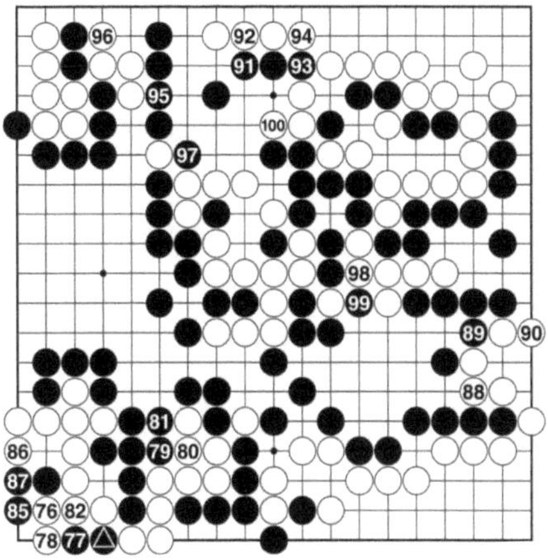

Figur 13 (176–200)
83 auf ▲, 84 auf 77

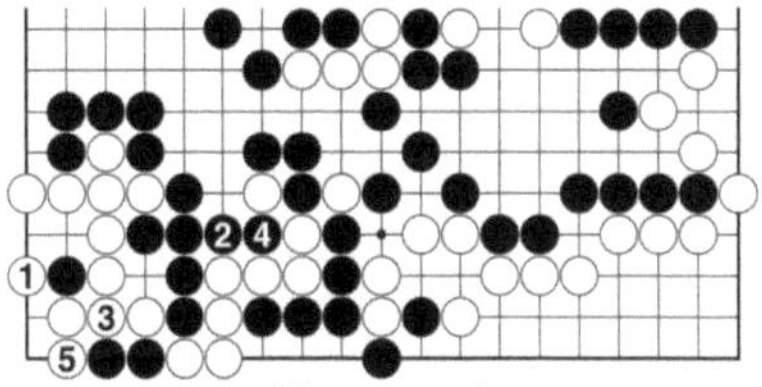

Diagramm 9

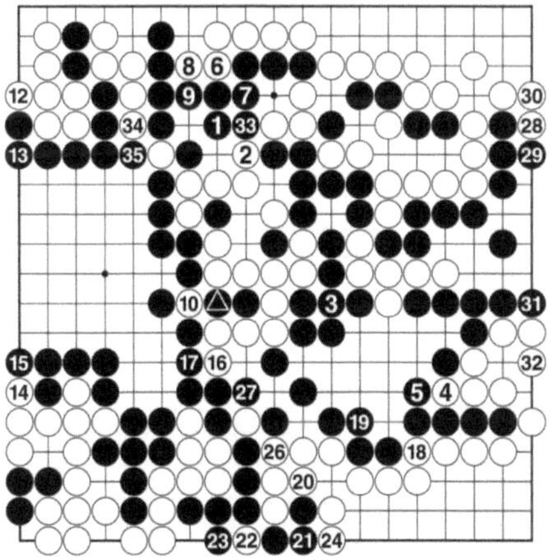

Figur 14 (201–235)

Figur 13

Weiß 178 kann nicht auf 1 in Diagramm 9 gespielt werden, denn dann schlägt Schwarz einen Stein in Vorhand. Gleiches gilt für Weiß 180.

Nach Schwarz 187 gibt es ein Seki. Obwohl es für Schwarz Nachhand bedeutet, ist es dennoch sehr groß.

Das Abschneiden eines Steins mit 191 bis 197 besiegelt schließlich das Ergebnis.

Schwarz (Senkaku) gewinnt nach 235 Zügen mit 3 Punkten.

Obwohl Mototora die Partie verloren hat, sind sein Stil und seine Kampfstärke durchaus sehenswert.

○ Senkaku vs. Hayashi Monetsu ●

10. Dezember 1783 (Tenmei 3 XI 17)

Hayashi Monetsu ist der Gegner in dieser Partie, den ich natürlich gern vorstellen möchte. Der Name Monetsu findet in zwei Schreibweisen Erwähnung: 門悦 und 聞悦.

Es heißt zum einen, er wäre ein Kind von Hayashi V Incho Monnyo, der selbst den 8. Dan erlangte. Aber es gibt auch Stimmen, die sagen, er sei der rechtmäßige Sohn von Hayashi VII Yugen Monnyo, der den 7. Dan erlangte. Wir wissen es nicht, was tatsächlich zutreffend ist.

Die Hayashi-Familie war zeitweilig in einer Krise ohne führendes Oberhaupt und suchte einen Schüler, der die Nachfolge antreten konnte. So kam es, dass Monetsu als Hayashi IX das Zepter übernahm. Ihm wurde der 7. Dan verliehen. Doch hieß es, er hätte nicht die angemessene Spielstärke gehabt, die mit diesem Rang verbunden ist.

Monetsu starb im Jahr Bunka 13 (1816). Sein Sohn ist Hayashi X Tetsugen.

Die hier vorgestellte Partie kann als großer Erfolg für Monetsu gesehen werden. Fürwahr, es scheint nicht möglich, dass er mit Schwarz gegen Senkaku hätte bestehen können. Daher ist es nur verständlich beim vorliegenden Jigo den Verdacht einer arrangierten Partie zu hegen, wie es zu jener Zeit des öfteren vorkam. Aber dem müssen wir nicht weiter nachgehen, schauen wir uns den Kommentar an.

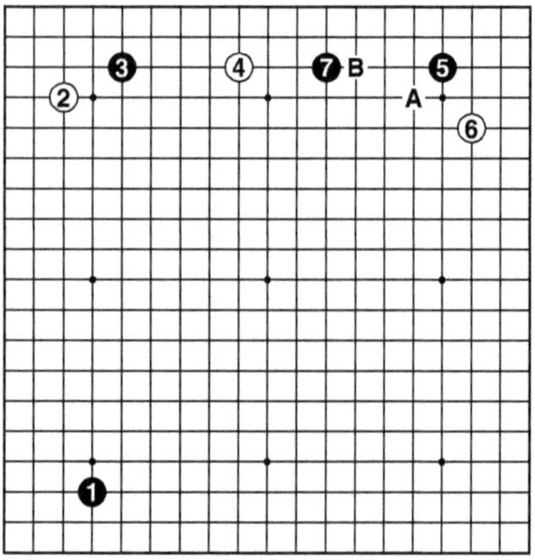

Figur 1 (1–17)

Figur 1

Die Züge lassen uns sofort an Partien jener Zeit denken. Schwarz 7 ist zu weit.

Der einfache Diagonalzug A ist bewährt genug und für eine Ausdehnung wäre B der richtige Punkt. Der Abstand zwischen 5 und 7 ist zu dünn.

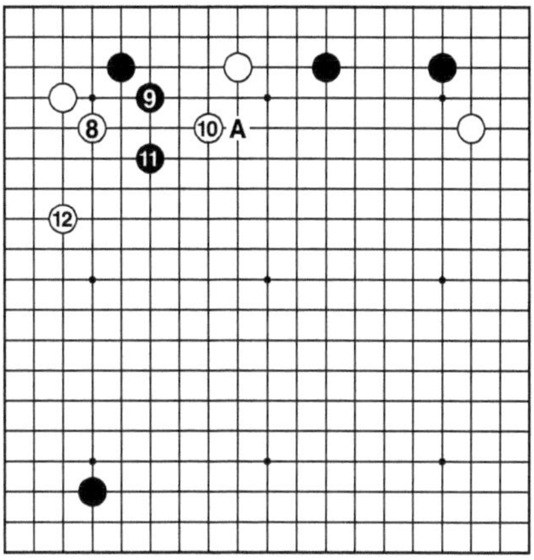

Figur 2 (8–12)

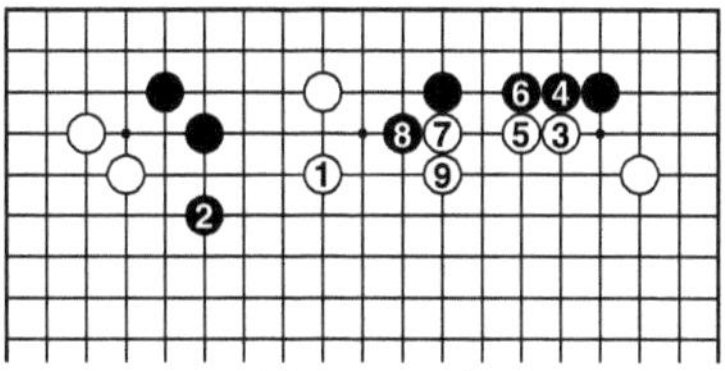

Diagramm 1

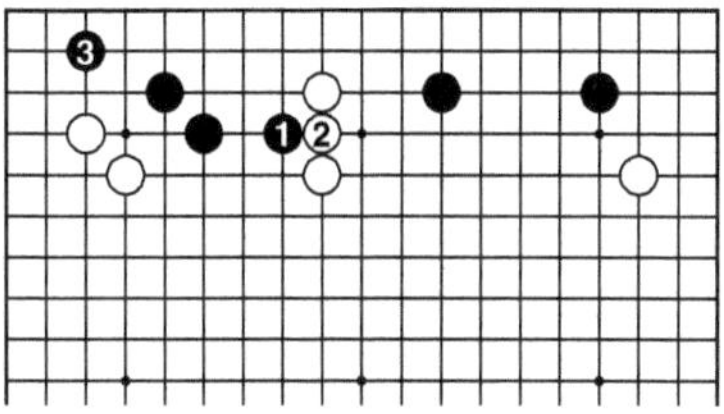

Diagramm 2

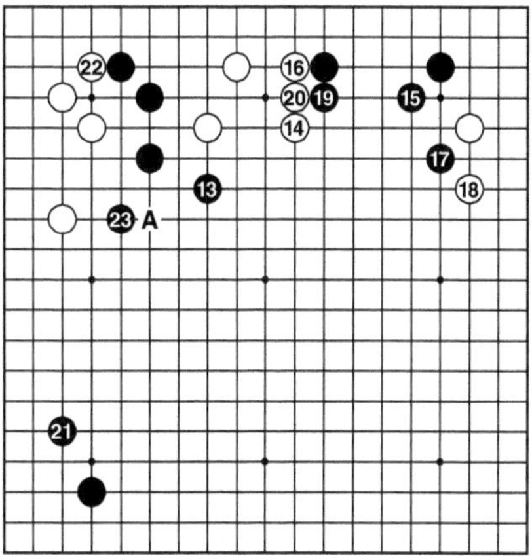

Figur 3 (13–23)

Figur 2

Wenn Weiß statt 10 auf A springt, dann setzt Schwarz wie in der Partie mit 11 fort und die Abfolge in Diagramm 1 sollte angemessen sein. Das Ergebnis erscheint gut für ihn. Vermutlich mochte Weiß jeodch die Standardabfolge in Diagramm 2 nicht.

Weiß 10 schafft die Voraussetzung für den Formzug 14 in der nächsten Figur.

Figur 3

Schwarz 13 direkt auf 15 wäre der gewöhnliche Zug, der einem unmittelbar in den Sinn kommt. Jedoch führt Schwarz 13 hier zu Weiß 14, sodass 15 nun in einem natürlichen Fluß gespielt werden kann.

Der Austausch des Drückens auf 17 für Weiß 18 wird heutzutage als fragwürdig angesehen, denke ich. Damit möchte ich sagen, dass dieser Zug gern zurückgehalten wird, um sich die Möglichkeit des Klemmens auf der rechten Seite nicht zu nehmen. Und wenn Schwarz ohnehin den Abtausch 19 für 20 vorhat, so sollte er das Drücken auf 17 besser unterlassen. Nicht zuletzt ist die Wirkung des Abtausches nur gering.

Schwarz 23 ist wichtig, denn wenn Schwarz sich hier nicht stärkt, ist seine Form nach einem weißen Zug um A herum zu dünn. Wie dem auch sei, hier liegen die Wurzeln für ein entscheidendes Tauschgeschäft.

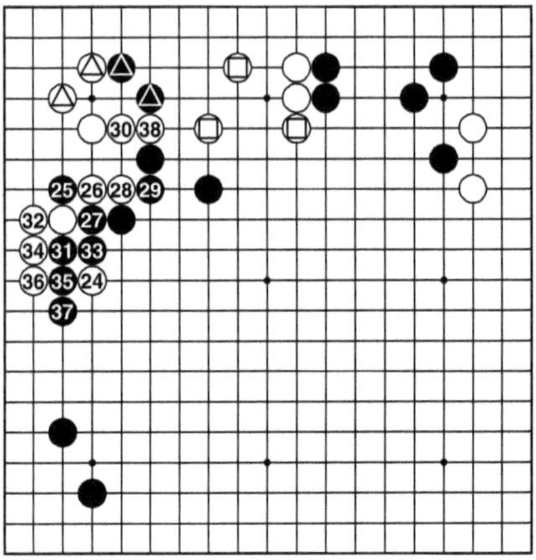

Figur 4 (25–38)

Figur 4

Mit 24 Widerstand zu leisten ist nur natürlich, da der Zug auch auf eine Ausdehnung abzielt.

Schwarz 25 wird in Erwartung der Zugfolge bis 28 gespielt, anderfalls wäre 25 gar nicht möglich.

Wenn Schwarz statt 31 auf 38 verbindet, dann zieht Weiß auf 31 zurück. Dies wäre wahrscheinlich zum Nachteil für Schwarz.

Wie steht es nun um die Punktebilanz? Nehmen wir an, die Steine ▲ und △ heben sich gegenseitig auf, so erscheint eine riesige weiße Ecke. (Am Rande, solch eine Analyse, bei der eine verschobene Betrachtung stattfindet, wird *ishiwari* oder *tewari* genannt).

Die weiße Ecke ist enorm groß, jedoch die drei weißen Steine rechts (□) scheinen sich zu überlappen, was als überkonzentriert bezeichnet wird. Dies wiederum ist natürlich recht befriedigend für Schwarz. Ausgehend von seiner Stärke, die er bis 37 aufgebaut hat, kann er nun das Spiel fortsetzen. Insbesondere der Austausch von Weiß 24 für Schwarz 35 ist fürchterlich für Weiß. Die schwarze Wand ist nun lückenlos geschlossen. Stellen Sie sich die Position nur einmal ohne diesen Austausch vor!

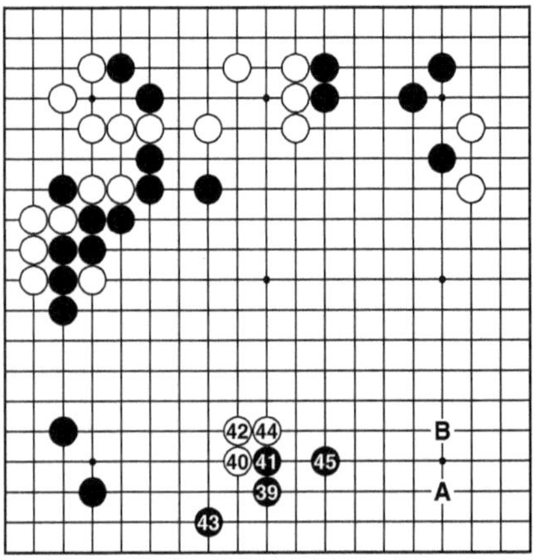

Figur 5 (39–45)

Figur 5

Schwarz 39 würde heute hoch (auf 41) gespielt werden, da dies eine bessere Struktur ergibt.

Mit Weiß 40 unmittelbar den Schulterschlag zu spielen ist einerseits vertretbar, doch auf der anderen Seite wiederum nicht. Wenn er statt dessen auf A in der rechten unteren Ecke spielt und Schwarz mit 44 springt, dann kann Weiß die Ecke mit B einschließen.

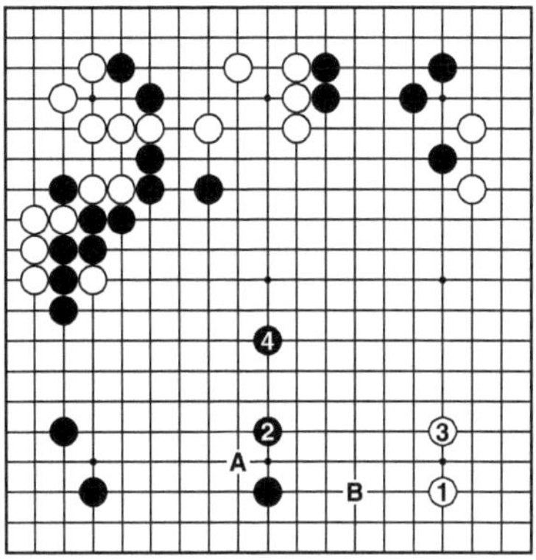

Diagramm 3

Ich kann nicht anders als ernsthaft bezweifeln, dass es Schwarz gelingen sollte, ein riesiges, wie in Diagramm 3 gezeigtes Areal abzustecken.

Grundsätzlich gesehen wäre der Schulterzug A eindeutig effektiver, wenn der Abtausch Weiß 1 für Schwarz B bereits gespielt worden wäre.

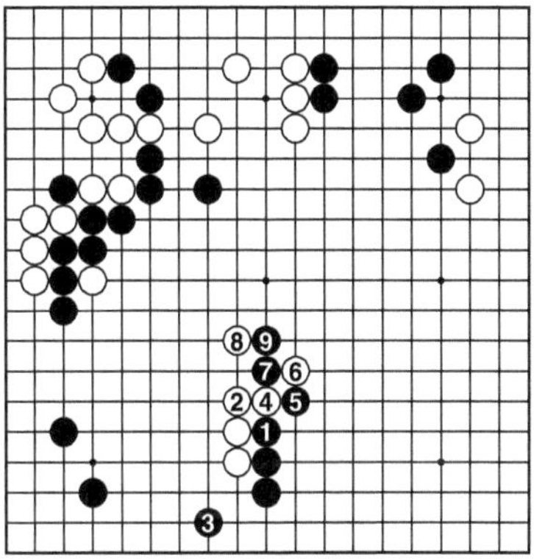

Diagramm 4

Statt 43 noch einmal auf Schwarz 44 schieben würde, wie hier in Diagramm 4 gezeigt, einen gefährlichen Schnitt ermöglichen.

Wenn Weiß statt 4 im Diagramm einfach auf 8 springt, dann wird Schwarz mit dem Keima auf 6 die weißen Steine jagen und gleichzeitig die Oberhand in der rechten unteren Ecke erringen. Das wäre ein noch besseres Ergebnis als jenes in der Partie.

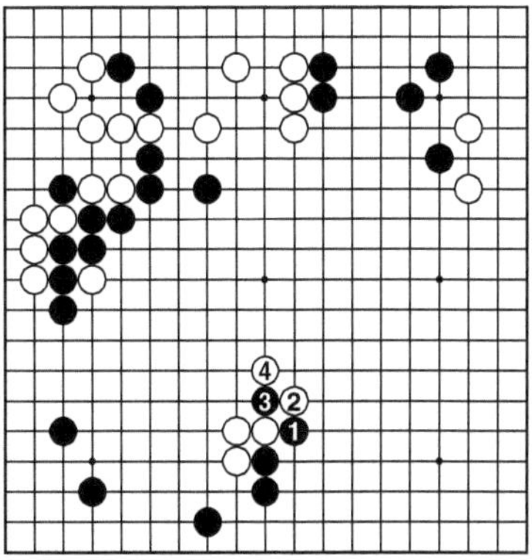

Diagramm 5

Das Hane und der Schnitt in Diagramm 5, statt Schwarz 45, funktionieren nicht, weil Weiß den Schnittstein in einer Treppe fängt. Das ist der wesentliche Unterschied zu einem Schieben auf 44.

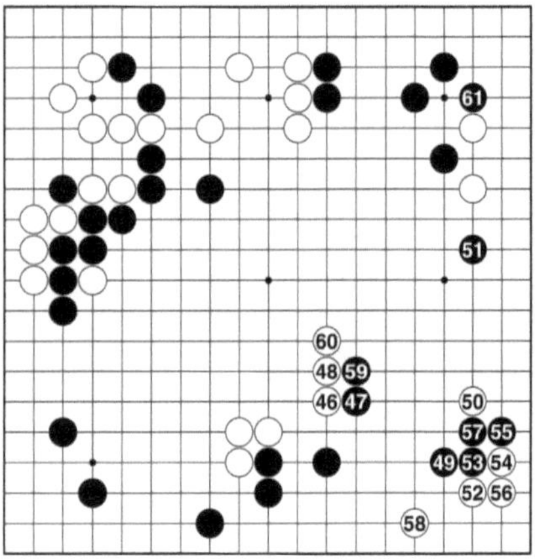

Figur 6 (40–61)

Figur 6

Um die Ecke zu schützen, kann Schwarz erwägen, 51 direkt auf 53 zu setzen. Weiß 2 und 4 in Diagramm 6 scheinen eine angemessene Antwort zu sein und Schwarz kann schließlich zu 5 übergehen.

Wenn Weiß statt 52 auf 1 in Diagramm 7 schiebt und Schwarz daraufhin mit 2 die Ecke sichert, dann sehen wir ein gänzlich anderes Szenario. Das Hineinspringen in die Ecke mit 52, um diese auszuhöhlen, erscheint unvermeidbar.

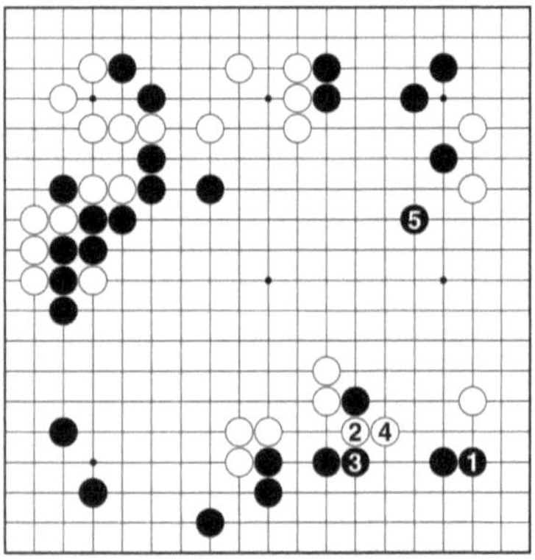

Diagramm 6

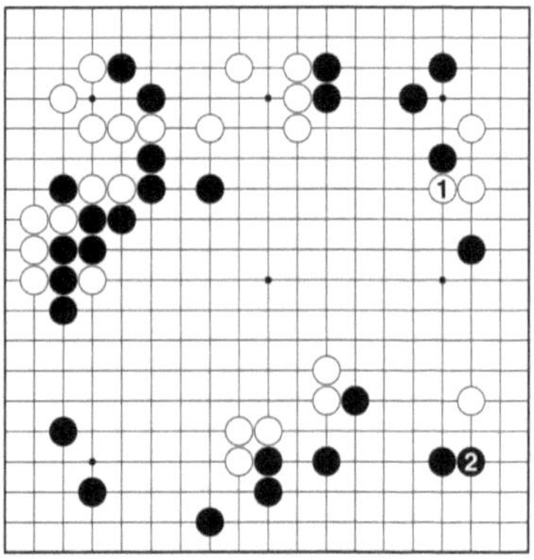

Diagramm 7

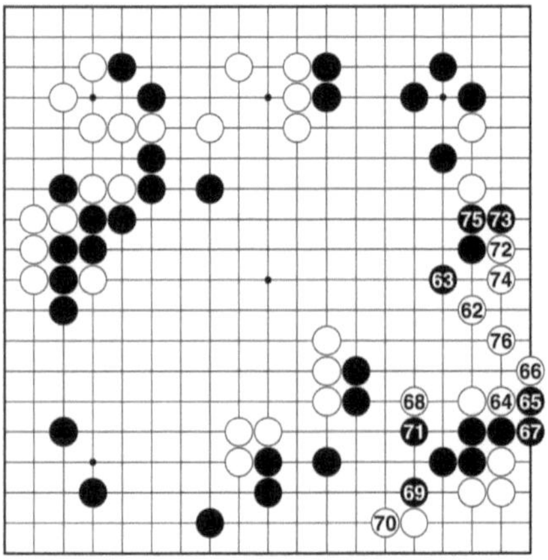

Figur 7 (62–76)

Figur 7

Ich möchte Weiß 62 in Frage stellen. Es erscheint mir ein wenig vorteilhafter, wenn er die Abfolge in Diagramm 8 gewählt hätte.

Betrachten Sie den Unterschied zum Ergebnis der Partie nach 76. Wie dem auch sei, Weiß 62 allein genommen, fühlt sich schon seltsam an.

Weiß muss es mit Genugtuung erfüllen, den Abtausch von Schwarz 69 für Weiß 70 geschenkt zu bekommen.

Spielt Schwarz statt 73 auf 74, dann folgt das Diagramm 9.

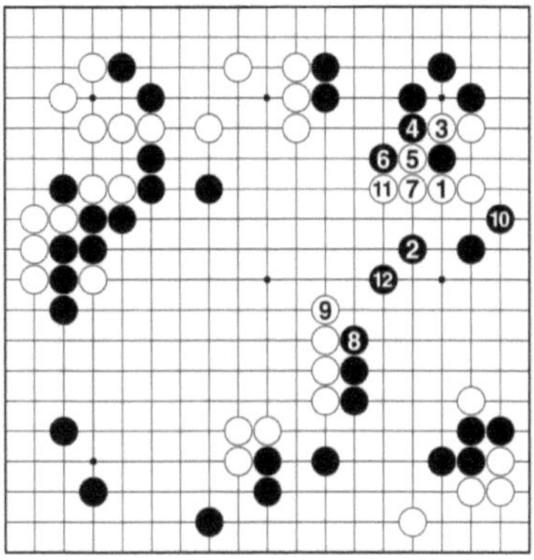

Diagramm 8

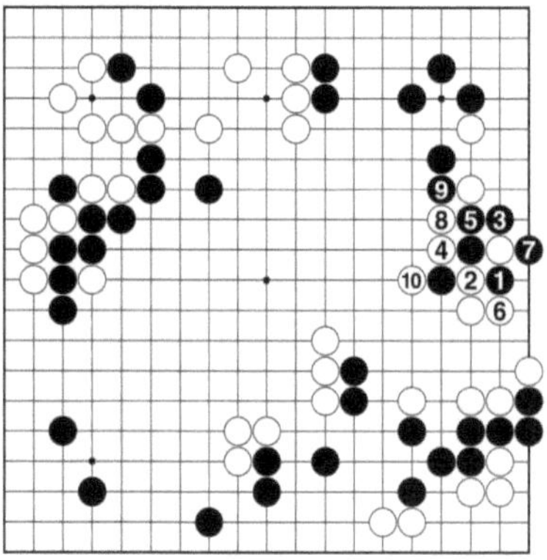

Diagramm 9

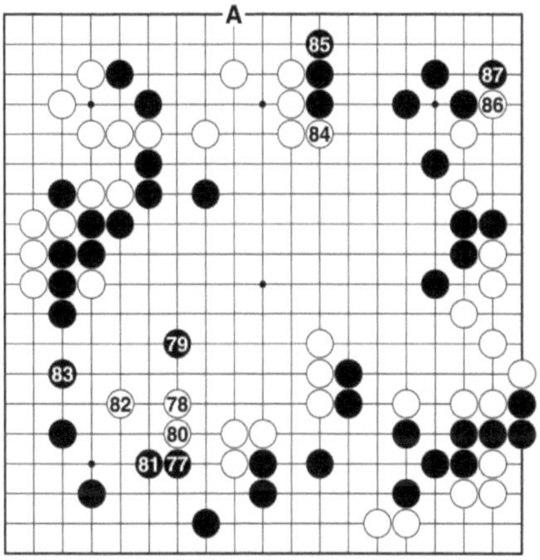

Figur 8 (77–87)

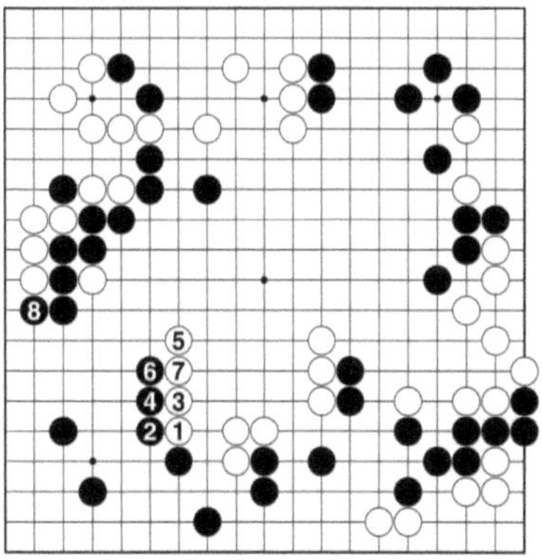

Diagramm 10

Figur 8

Schwarz gelingt es, als erster auf 77 zu spielen. Das heißt, er hat die Initiative.

Legt Weiß statt 78 sofort auf 80 auf, dann können wir Diagramm 10 erwarten. Hier schließt Schwarz mit 8 den offenen linken Rand ab. Dieses Ergebnis kann nicht von Weiß gewünscht sein.

Weiß 84 ist groß, denn er reduziert das schwarze Gebiet oben bevor es überwältigende Ausmaße annimmt.

Schwarz 85 ist die stärkste Antwort, denn sie bereitet den großen Affensprung auf A vor.

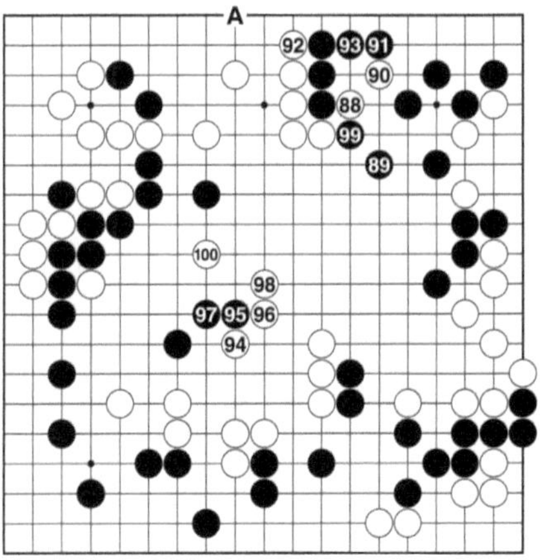

Figur 9 (88–100)

Figur 9

Es hat den Anschein, dass Schwarz statt 89 nicht sofort auf 99 schneiden kann. Das Diagramm 11 zeigt eine der möglichen Fortsetzungen, die zu unangenehmen Komplikationen führen.

Weiß 90 und 92 sind effektiv, denn sie beseitigen in Vorhand die Drohung von Schwarz A.

Lässt Weiß den Zug 94 aus, so wäre ein Sprung von Schwarz hierher ein scharfer Vorstoß.

Schwarz 95 und 97 können ohne Nachteil gespielt werden, so lange sie Vorhand sind.

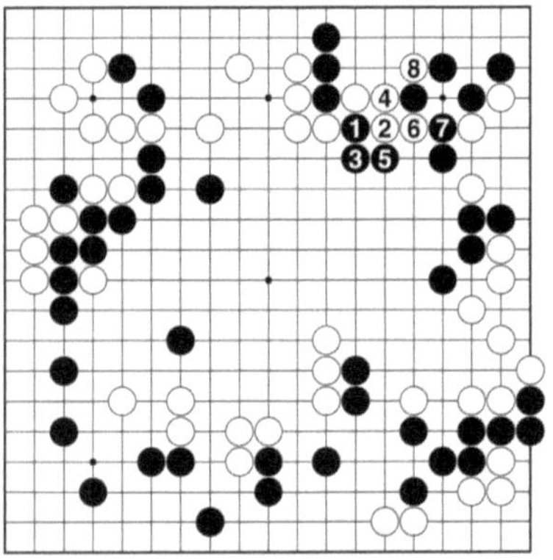

Diagramm 11

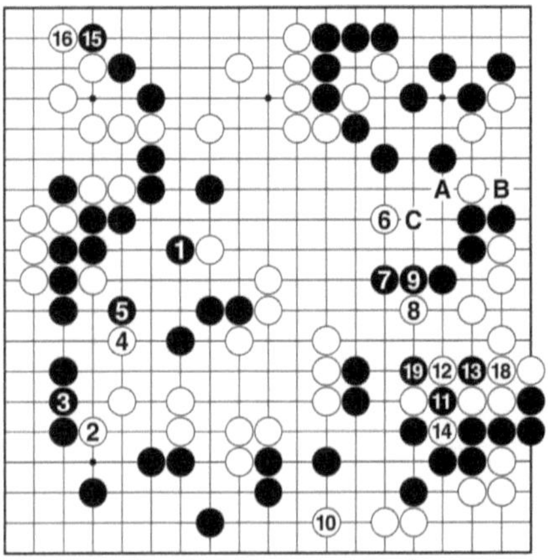

Figur 10 (101–119)
Ko: 117, 120

Figur 10

Weiß 102 ist offensichtlich nur eine Vorbereitung für 104. Aber selbst wenn er 102 zurückhält, es gibt nichts was in der Ecke noch erreicht werden könnte.

Schwarz 107 schützt gegen Weiß A und ähnliche Drohungen, die Schwarz zwingen würden, auf B zu verbinden. Überzeugen Sie sich selbst, dass Schwarz nun nach Weiß A auf C anlegen kann.

Schwarz 111 und die weiteren Folgezüge ab hier sind sehr groß.

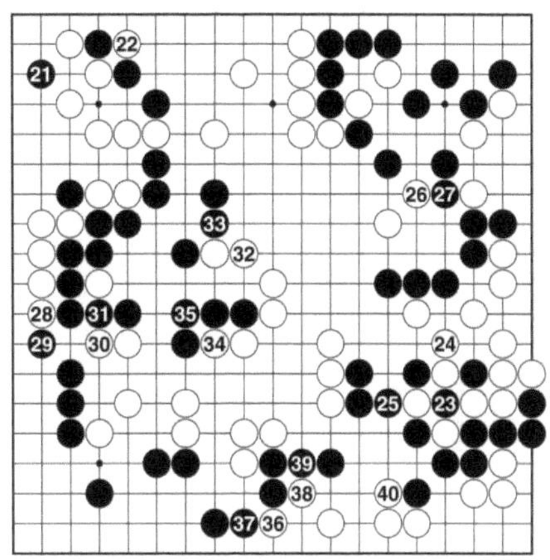

Figur 11 (121–140)

Figur 11

Weiß 128 kann nicht durch einen Sprung auf 129 ersetzt werden.

Lässt Schwarz 135 aus, dann kann Weiß nicht nur auf A spielen. Er wird dann sogar zu einem großen Punkt.

Am Ende dieser Figur sieht es nach einem knappen Ende der Partie aus.

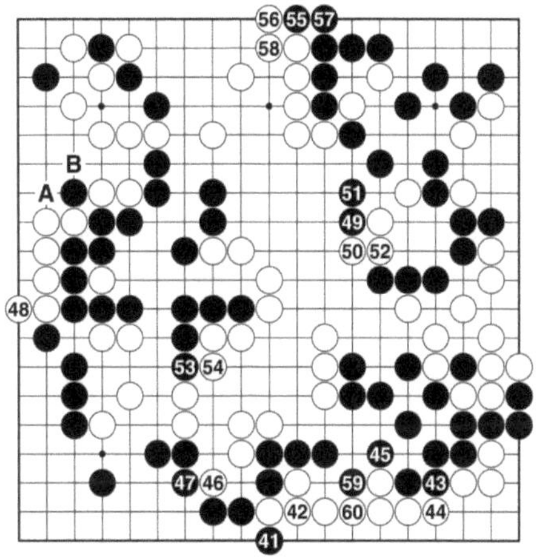

Figur 12 (141–160)

Figur 12

Weiß 148 sind gut fünf Punkte wert, selbst in Nachhand. Ohne diesen Zug könnte Schwarz erst A spielen und nach Weiß B wäre das Hane auf 148 sein Vorrecht.

Selbst wenn Schwarz statt 151 auf 152 schneidet, muss Weiß sich nicht sorgen, denn er fängt den Stein auf 149.

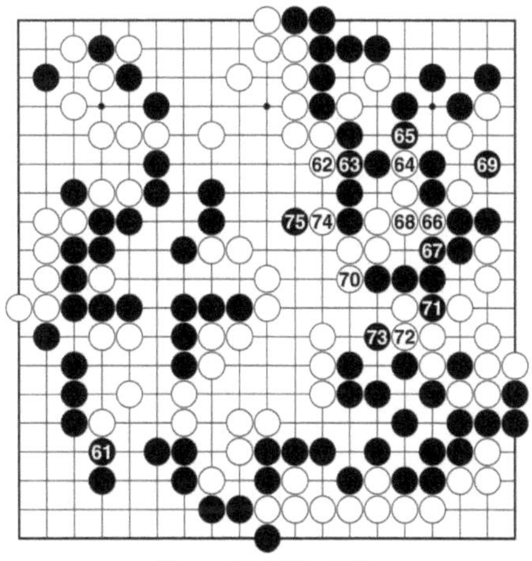

Figur 13 (161–175)

Figur 13

Schwarz 161 ist ein guter Punkt für Aji.

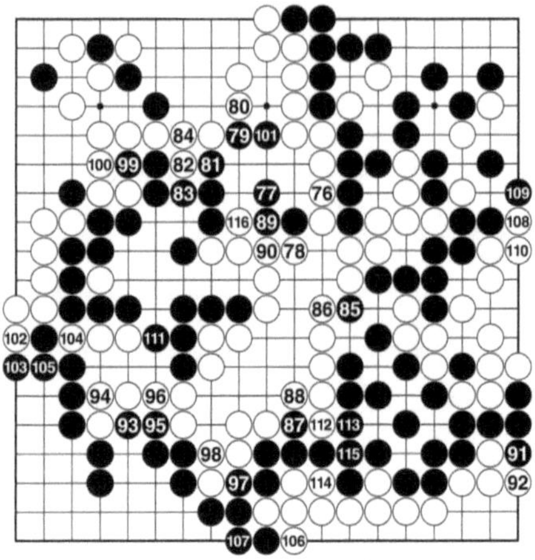

Figur 14 (176–216)

Figur 14

Ab hier gibt es nicht mehr viel zu erläutern.

Jigo (unentschieden). Nur die Züge bis 216 sind überliefert.

Wenn wir annehmen, diese Partie wäre ein wahres Jigo, dann ist es tatsächlich ein Meisterwerk von Monetsu. Doch wie ich bereits zu Anfang voranstellte, ein Unentschieden ist mit Vorsicht zu betrachten.

○ Hattori Intetsu vs. Sakaguchi Senchi ●

Sakaguchi Senchi ist der erste, uns bekannte Name Senkakus, den er in seiner Kindheit trug. Sein junger Gegner, Intetsu (1761–1842), wird später als Hattori Inshuku einer der herausragendsten und respektiertesten Spieler außerhalb der vier Häuser. Die Hattori Familie fungierte als „Talentschmiede" für das Haus Inoue und Inshuku war der Adoptivvater der bekanntesten aller Inoue, Genan Inseki. Diese Partie wurde 1778 gespielt.

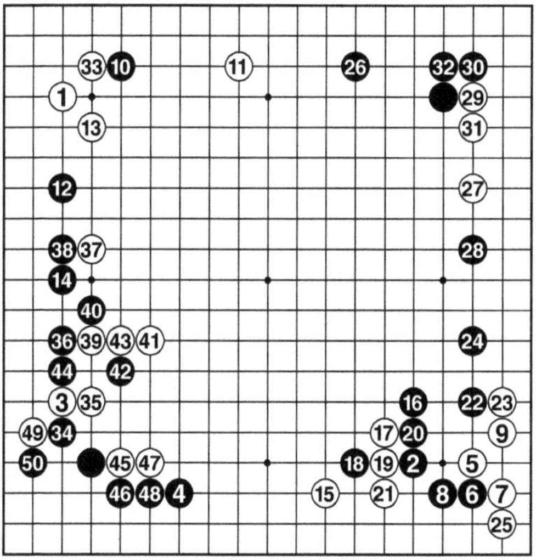

Figur 1 (1–50)

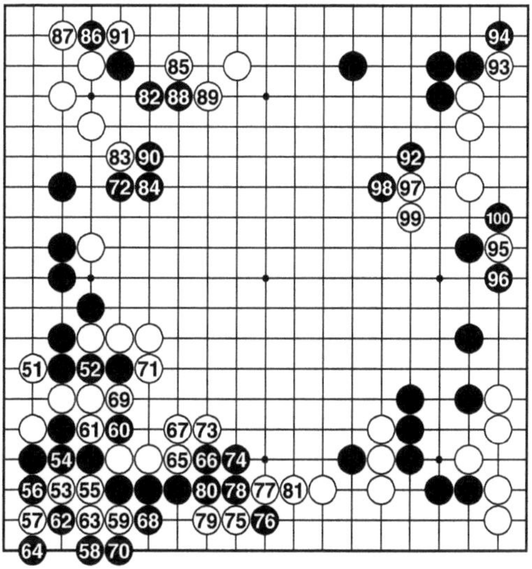

Figur 2 (51–100)

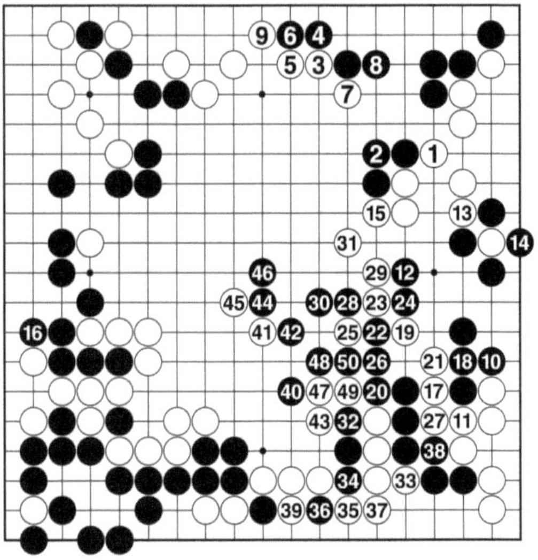

Figur 3 (101–150)

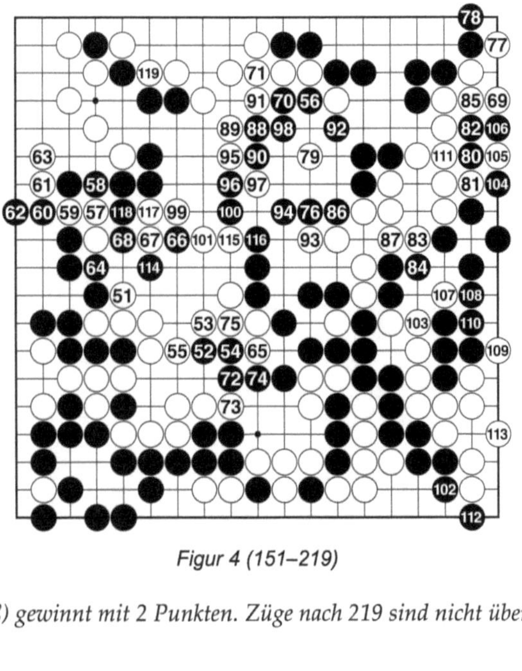

Figur 4 (151–219)

Hattori (Weiß) gewinnt mit 2 Punkten. Züge nach 219 sind nicht überliefert.

○ Honinbo Retsugen vs. Senkaku ●

In den überlieferten Partien Senkakus gibt es nur wenig Abwechslung was die Auswahl seiner Gegenspieler angeht. Allein die Partien selbst sind nicht zahlreich. Die meisten wurden in den offiziellen Burgkämpfen aufgezeichnet. So auch diese hier aus dem Jahr 1784.

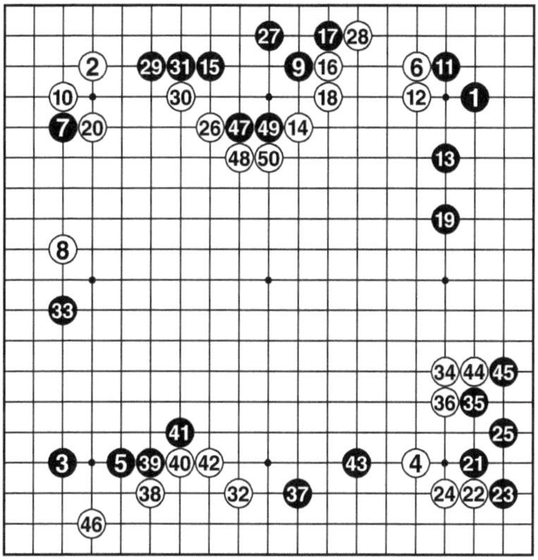

Figur 1 (1–50)

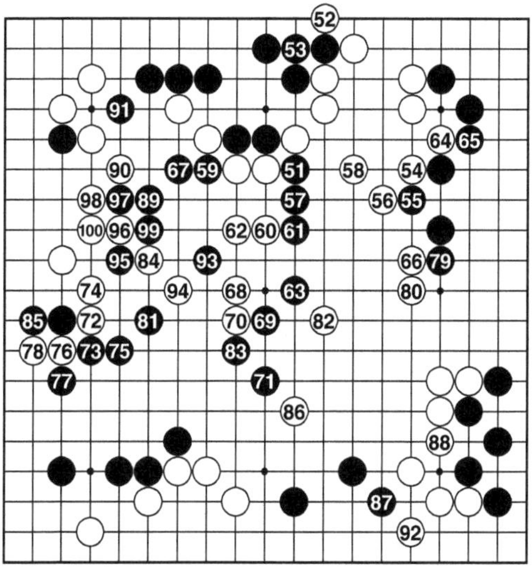

Figur 2 (51–100)

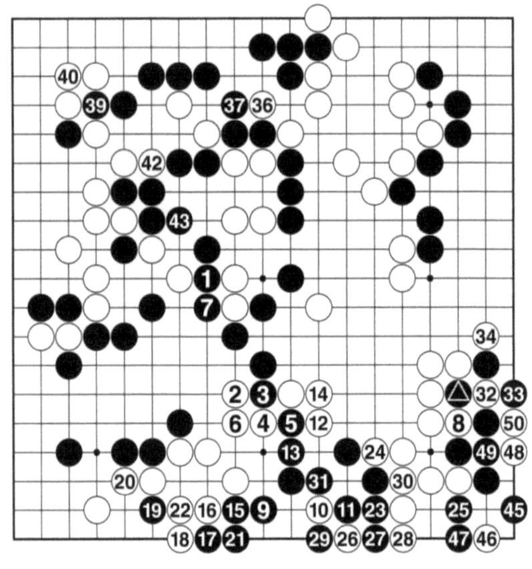

Figur 3 (101–150)
Ko um ▲: 35, 38,41, 44

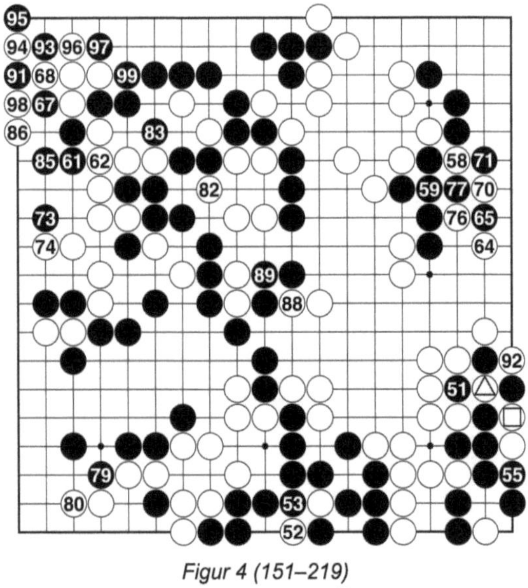

Figur 4 (151–219)
54 auf △; 56 auf □;
Ko um 51: 57, 60, 63, 69, 72, 75, 78, 81, 84, 87, 90;
100 auf 94

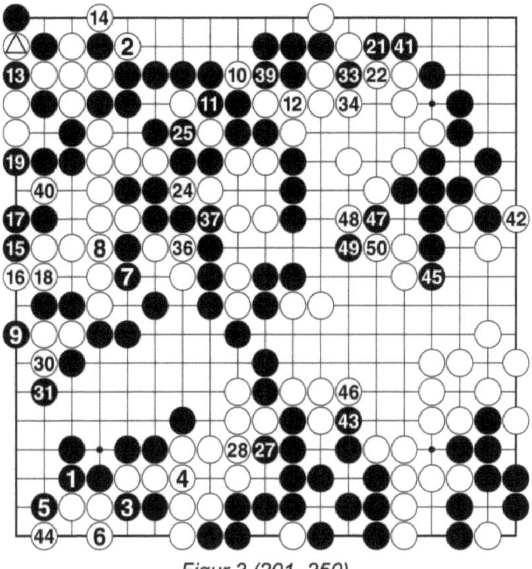

Figur 3 (201–250)
Ko um △: 20, 23, 26, 29, 32, 35, 38

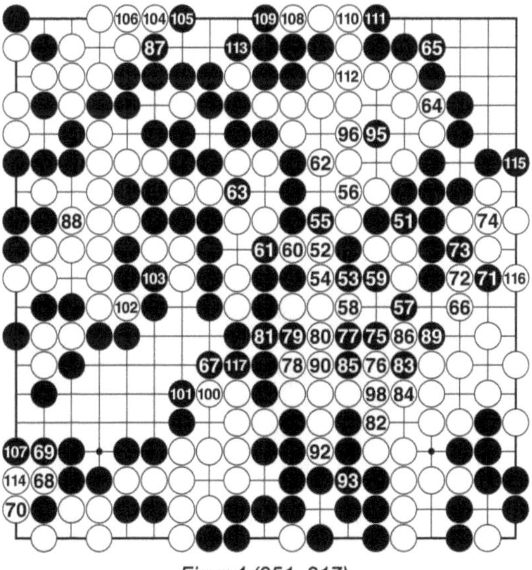

Figur 4 (251–317)
Ko um 83: 91, 94, 97; 99 auf 86.

Senkaku (Schwarz) gewinnt mit 12 Punkten.

○ Senkaku vs. Kono Mototora ●

Wieder ist es Kono Mototora auf den Senkaku hier trifft, und wieder findet diese Begegnung im Rahmen der Burgkämpfe statt. Dieses Mal jedoch ist es eine der „Freundschaftsspiele", die nach Ermessen des Shogun (oder eines seiner Repräsentanten) angesetzt wurden. Solche Spiele wurden selten vorab arrangiert, so sehen wir hier womöglich einen völlig ungezügelt aufspielenden Senkaku. Diese Partie wurde 1785 ausgetragen.

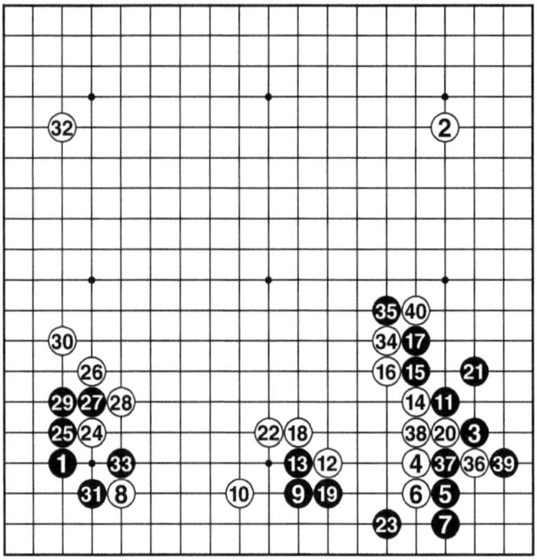

Figur 1 (1–40)

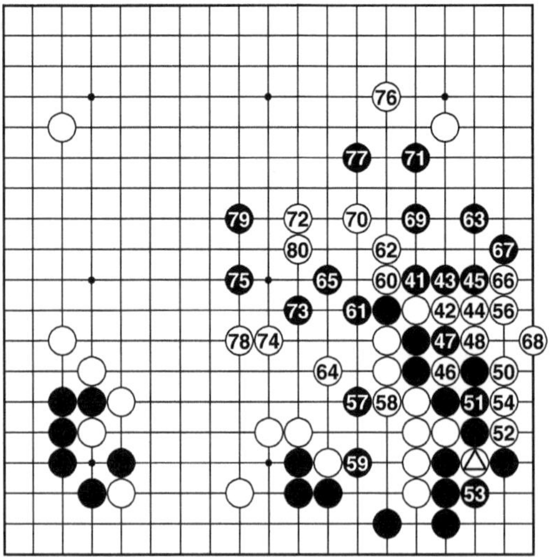

Figur 2 (41–80)
49 auf 46; 55 auf △

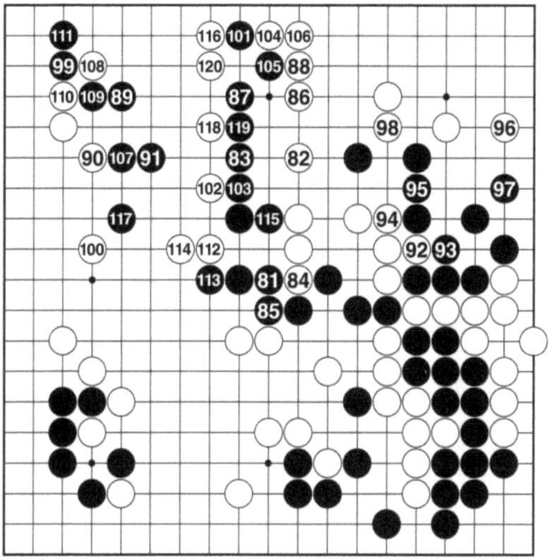

Figur 3 (81–120)

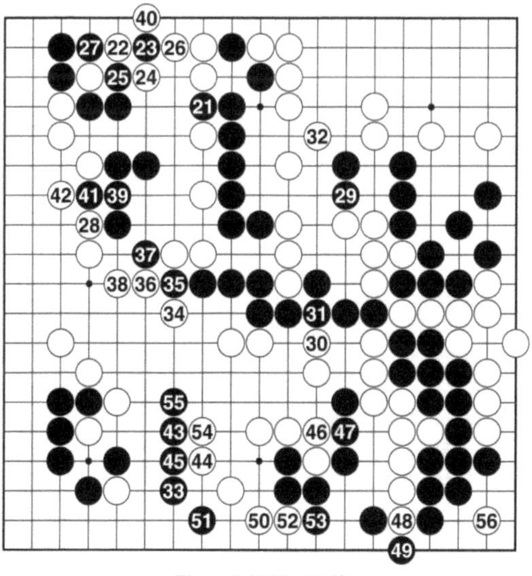

Figur 4 (121–156)

Senkaku (Weiß) gewinnt ohne Zählung.

○ Honinbo Retsugen vs. Senkaku ●

Diese Partie gegen Honinbo Retsugen wurde im Jahr 1786 ausgetragen.

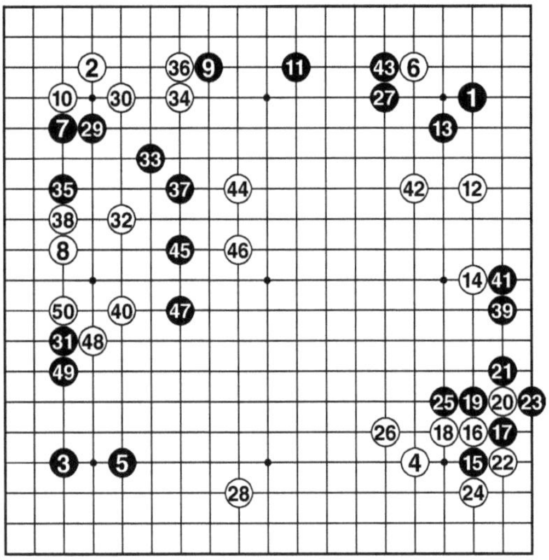

Figur 1 (1–50)

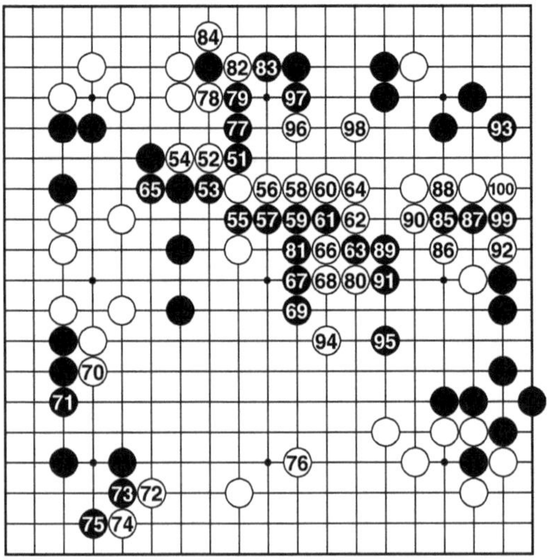

Figur 2 (51–100)

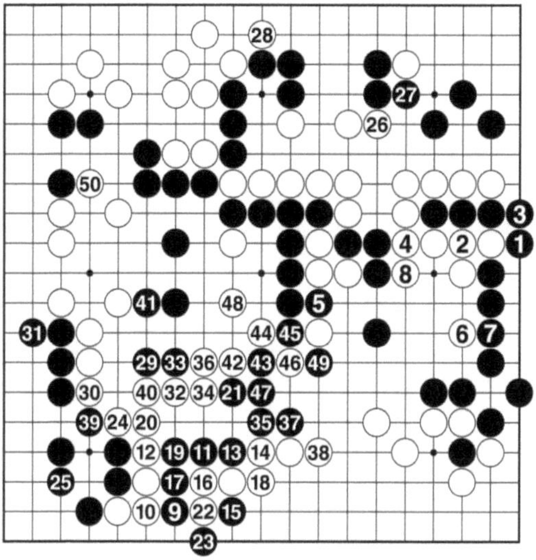

Figur 3 (101–150)

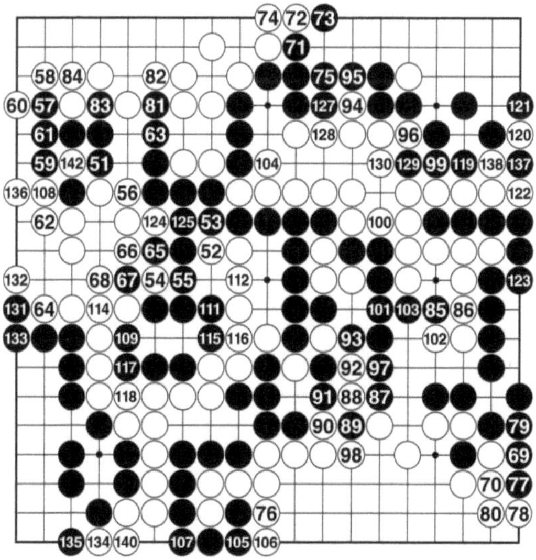

Figur 4 (151–242)
Ko auf 54: 110, 113; 126 auf 88;
139 auf 120; 141 auf 54

Senkaku (Schwarz) gewinnt mit 6 Punkten.

Senkaku vs. Honinbo Retsugen

Diese Partie wurde ebenfalls 1786 gespielt, in der Residenz von Lord Mizuno, dem Lehnsherren von Dewa. Mizuno gehörte zu jenen Feudalherren (*daimyos*), die gezwungen waren, längere Zeit in Edo zu weilen, wo der Shogun ein Auge auf sie haben konnte. Die Förderung von Go und Shogi gehörte hier zu einem der wichtigsten Zeitvertreibe.

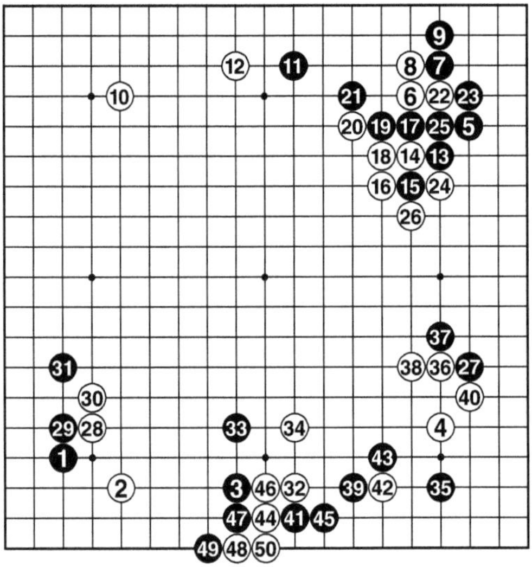

Figur 1 (1–50)

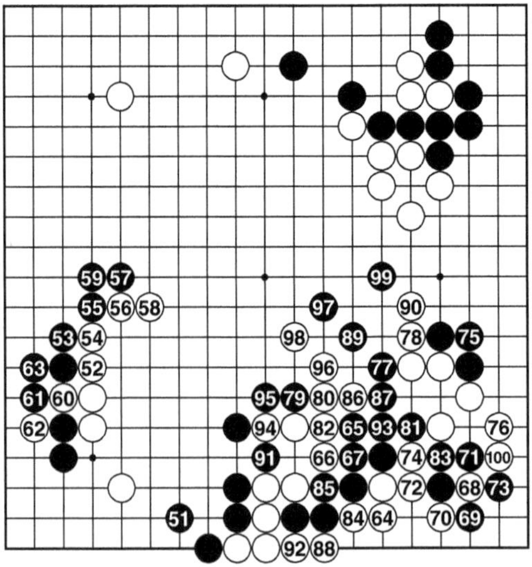

Figur 2 (51–100)

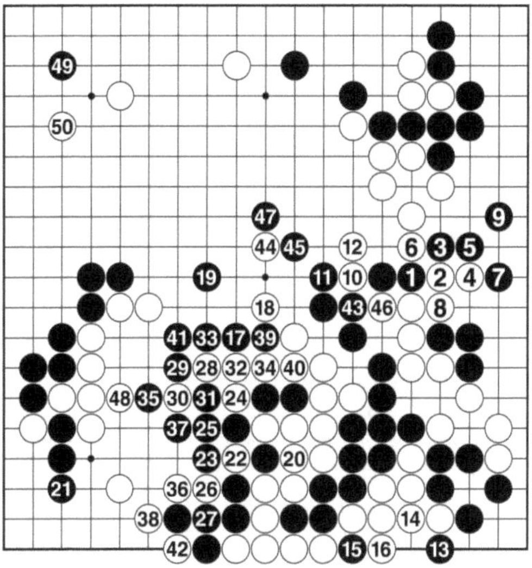

Figur 3 (101–150)

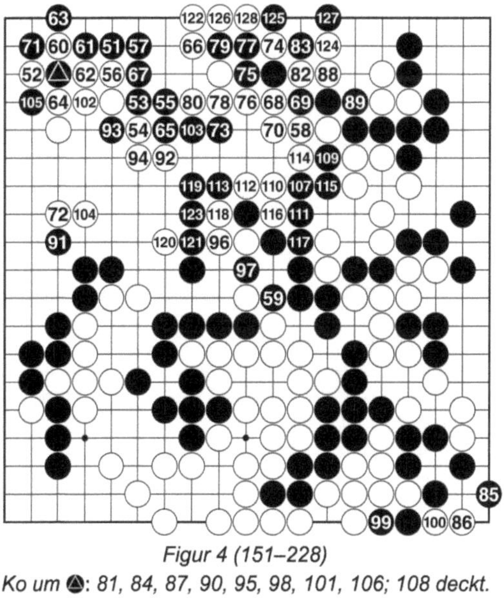

Figur 4 (151–228)

Ko um ▲: 81, 84, 87, 90, 95, 98, 101, 106; 108 deckt.

Senkaku (Weiß) gewinnt ohne Zählung.

Senkaku vs. Nakano Chitoku

Diese Partie aus dem Jahr 1793 ist ein frühes Zeugnis von Senkakus berühmten Schüler Chitoku, der hier zwei Steine nimmt. Er wird später den Namen Yasui Senchi annehmen. Auch hier können wir davon ausgehen, dass beide Spieler sich ungezügelt dem Spiel widmeten, da es nachweislich in privatem Kreis ausgetragen wurde – wahrscheinlich als Lehrpartie.

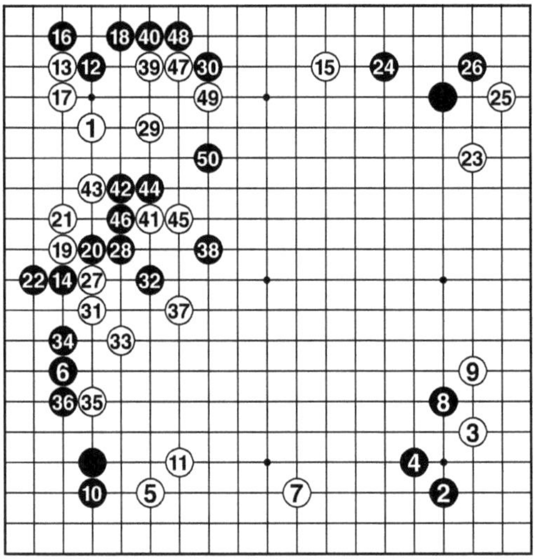

Figur 1 (1–50)

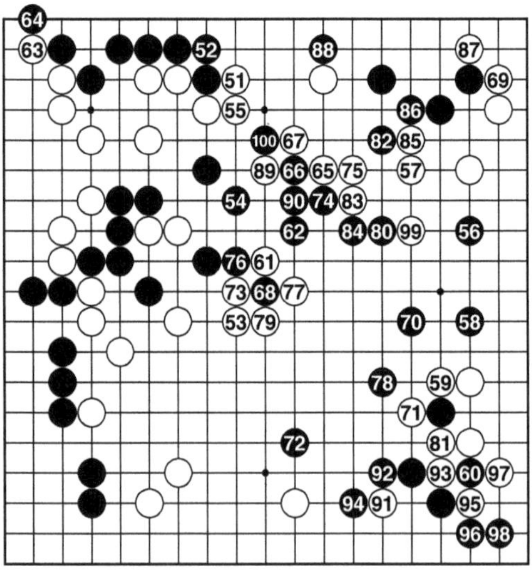

Figur 2 (51–100)

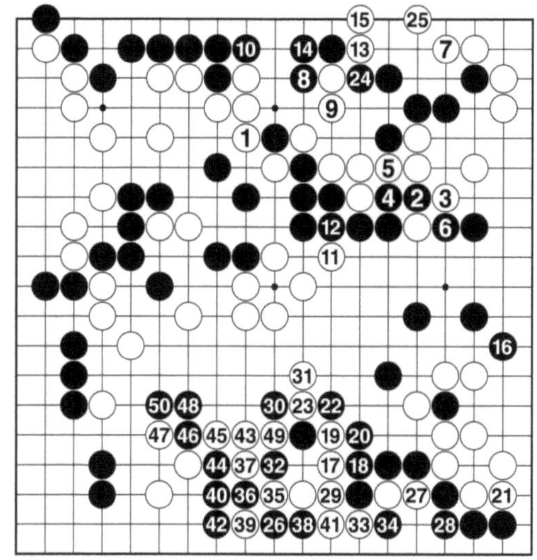

Figur 3 (101–150)

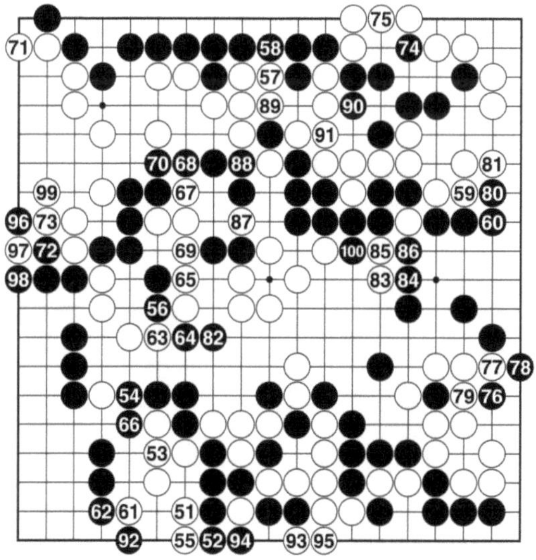

Figur 4 (151–200)

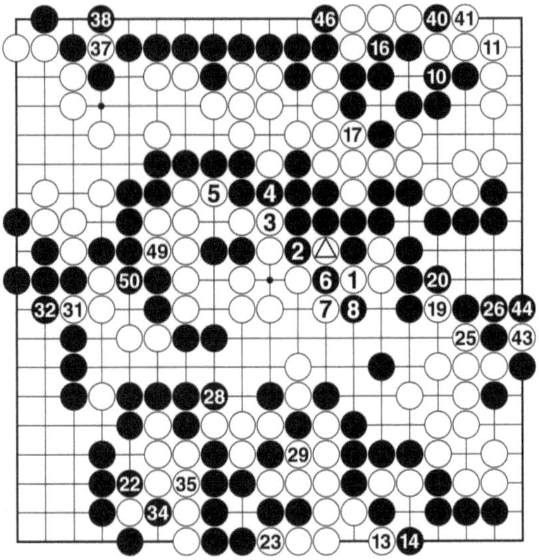

Figur 5 (201–250)
Ko um △: 9, 12, 15, 18, 21, 24, 27, 30, 33, 36, 39, 42, 45; 47 auf 40; 48 auf 6

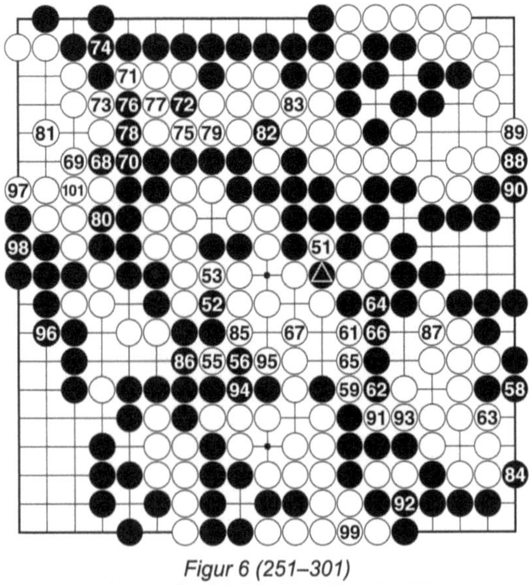

Figur 6 (251–301)
Ko um ▲: 54, 57, 60; 100 unter 82

Chitoku (Schwarz) gewinnt mit 2 Punkten.

Kono Mototora vs. Senkaku

Diese Partie wurde ebenfalls in den Burgkämpfen 1793 gespielt.

Sie findet sich in dem Manga *Hikaru no Go* (Band 10, Kapitel 83) wieder. Der Künstler Obata Takeshi lässt die Tielfigur Hikaru Shindo die weißen Steine spielen. Das Ergebnis wird mit 9,5 Punkte angegeben,um es wie eine moderne Partie aussehen zu lassen.

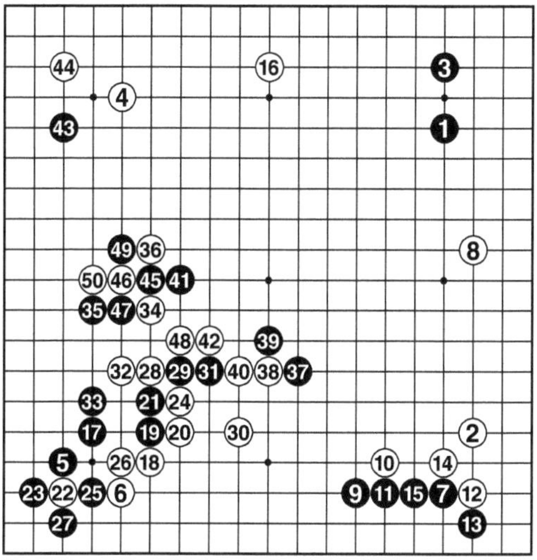

Figur 1 (1–50)

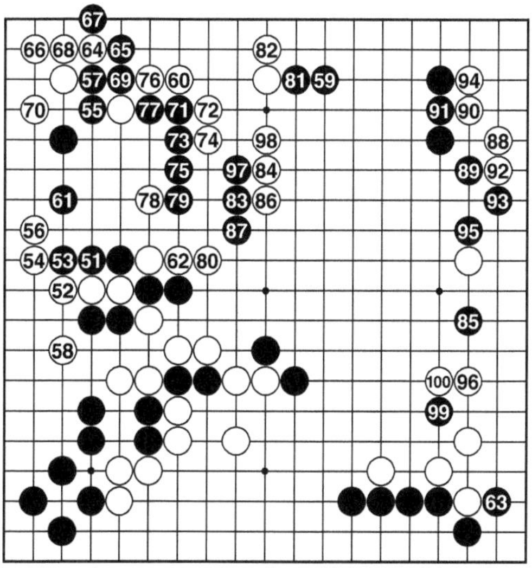

Figur 2 (51–100)

In *Hikaru no Go* findet sich noch eine weitere Partie Senkakus, die nicht Teil dieses Buches ist: Band 8, Kapitel 67. Dieses sehr empfehlenswerte Manga greift auf eine Vielzahl historischer Partien zurück, die hier von den modernen Charakteren gespielt werden. Die einfache Botschaft lautet, dass die Grundlagen des Erfolg von heute im Studium der Vergangenheit liegen.

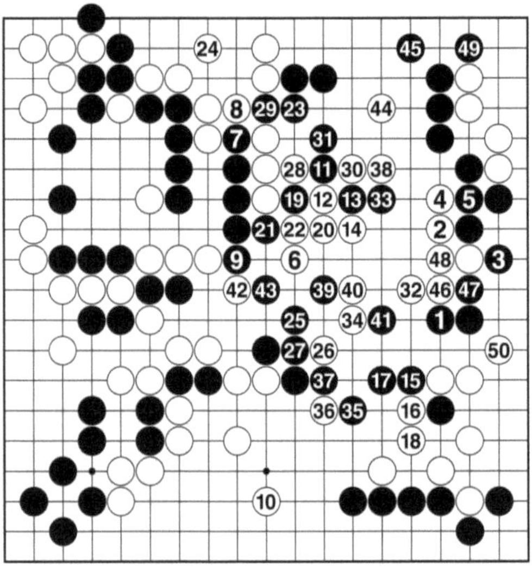

Figur 3 (101–150)

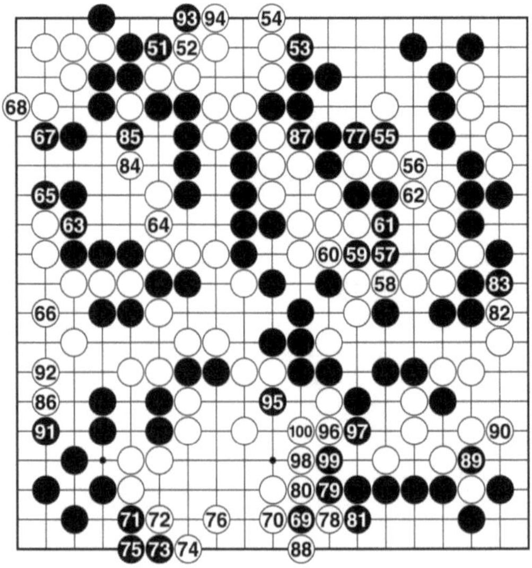

Figur 4 (151–200)

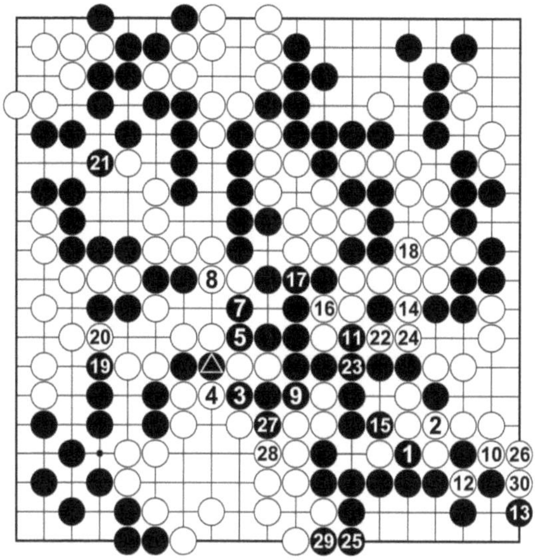

Figur 5 (201–230)
6 auf ▲

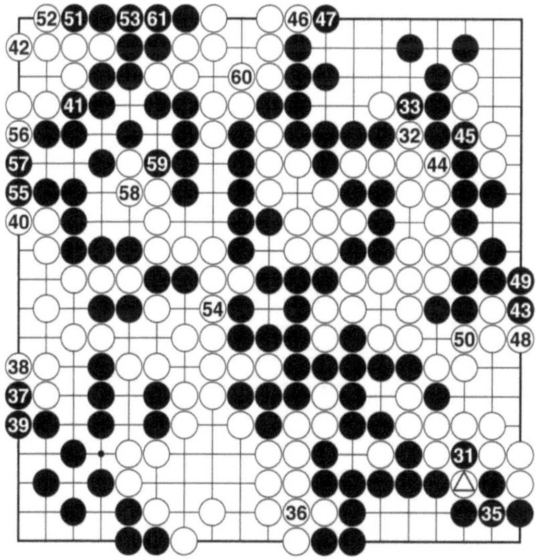

Figur 6 (231–262)
34 auf △; 62 auf 31

Senkaku (Schwarz) gewinnt mit 15 Punkten.

Senkaku vs. Nakano Chitoku

Diese Partie wurde 1796 ausgetragen, zu einer Zeit in der es Chitoku bereits möglich war, mit Schwarz gegen Senkaku zu spielen. Die Partie wurde in Anwesenheit des Shogun ausgetragen und führte zu einem Jigo. Wir müssen also wieder vorsichtig sein. Jedoch wurde sie vor einem Shogun „im Ruhestand"ausgetragen und zählte so nicht zu den ernsten Wettkämpfen.

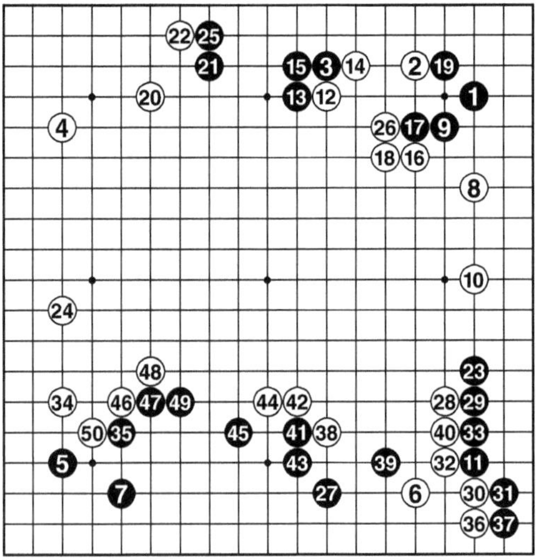

Figur 1 (1–50)

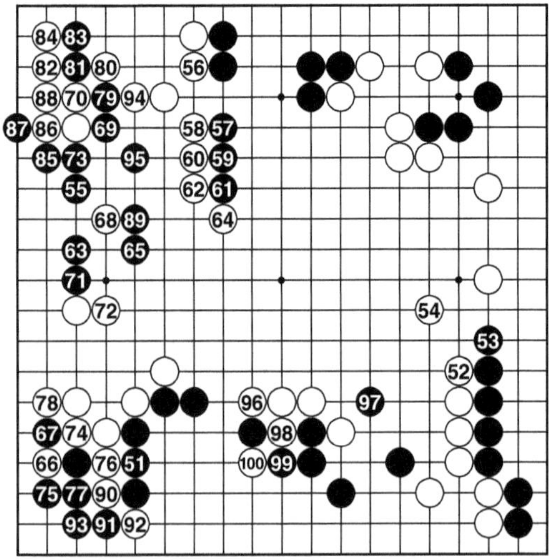

Figur 2 (51–100)

Diese wurde auch nicht in Edo, sondern außerhalb in Ueno gespielt. Es lässt sich daher leicht vorstellen, wie sich die Spieler an dem ungewöhnlichen Ausflug und der entspannten Atmosphäre erfreuten. Wäre die Partie arrangiert worden, so hätte sie Chitoku vermutlich aus Respekt vor seinem Lehrer mit einem Punkt oder so verloren.

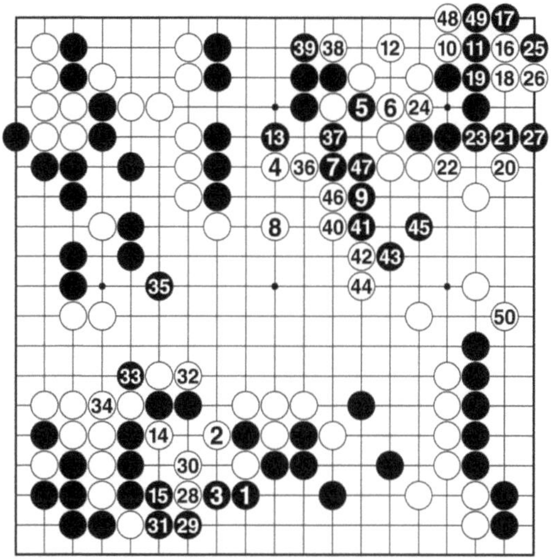

Figur 3 (101–150)

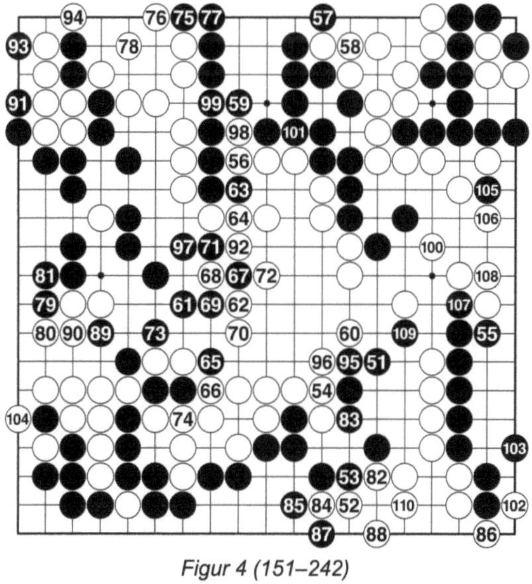

Figur 4 (151–242)

Jigo (unentschieden). Züge nach 210 nicht überliefert.

Senkaku vs. Inoue Shunsaku

Dies ist eine weitere Partie aus dem Jahr 1796. Sie wurde im Haus des Lord Itakura, dem Beauftragten für Schreine und Tempel, der auch für Go und Shogi zuständig war, begonnen und später im Haus der Inoue fortgesetzt.

Sie zählt zu den Burgkämpfen obwohl sie, entgegen dem Ritus, im Juni und Dezember gespielt wurde und nicht am Siebzehnten des elften Monats.

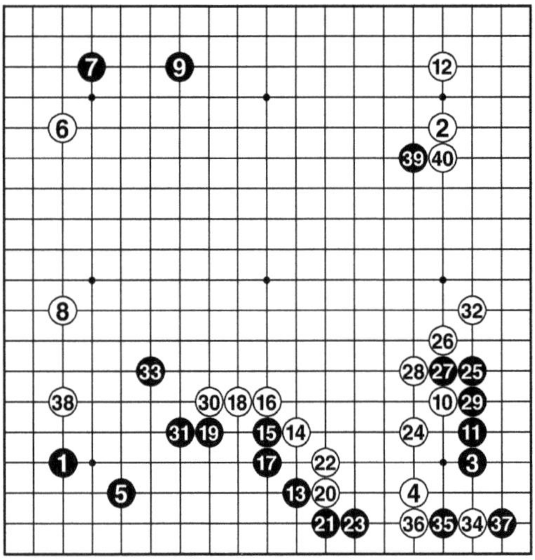

Figur 1 (1–40)

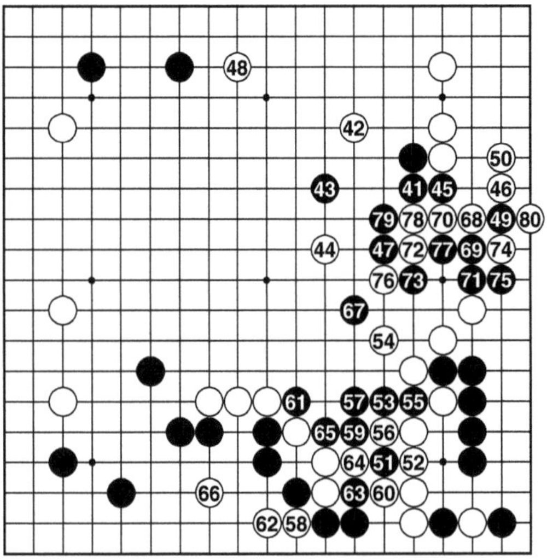

Figur 2 (41–80)

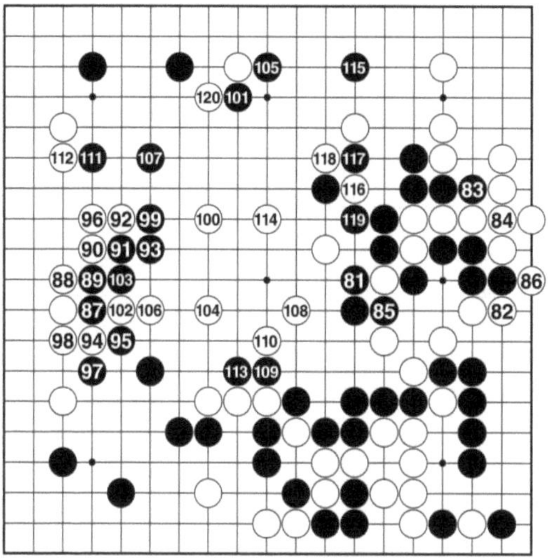

Figur 3 (81–120)

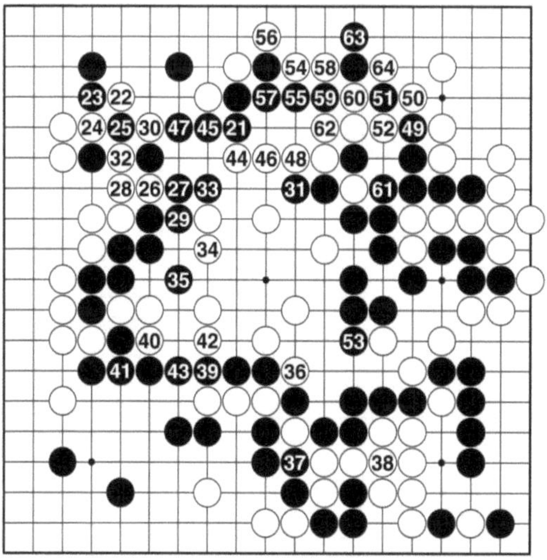

Figur 4 (121–164)

Senkaku (Weiß) gewinnt ohne Zählung.

○ Senkaku vs. Ota Unosuke ●

In seinen späten Jahren wurde Senkaku mehr und mehr von jüngeren Spielern in den Hintergrund gedrängt. So zog er sich 1810 schließlich von den Burgkämpfen zurück. Aber er schien noch Willens zu unterrichten und so wurde 1820 diese Vier-Steine-Partie gespielt.

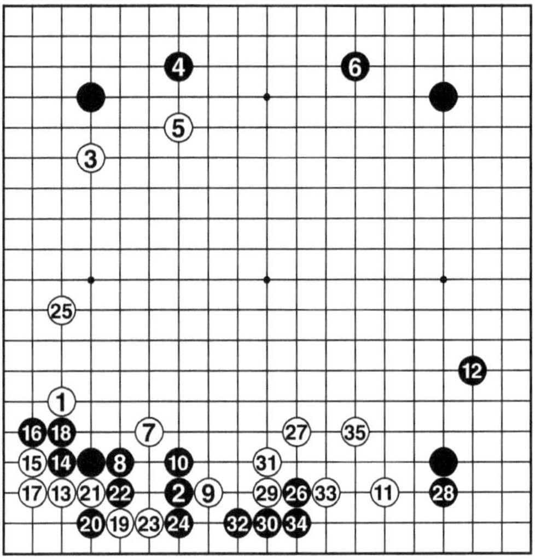

Figur 1 (1–35)

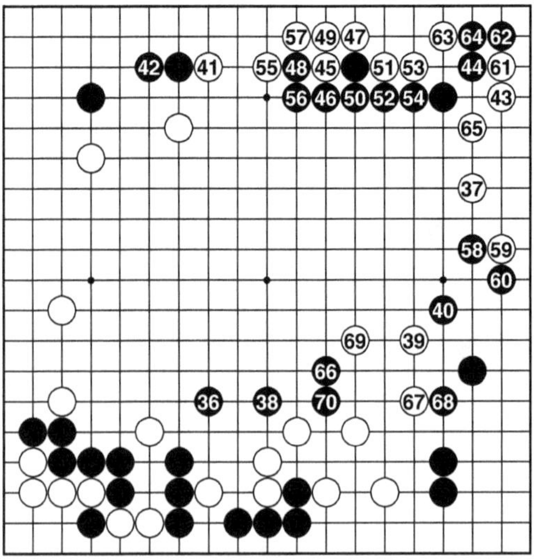

Figur 2 (36–70)

Der Name seines Gegners, Ota Unosuke, mag nicht geläufig sein. Es ist der Name eines noch dreizehnjährigen Kindes, das später unter dem Namen Ota Yuzo als Rivale von Shusaku Bekannheit erlangte.

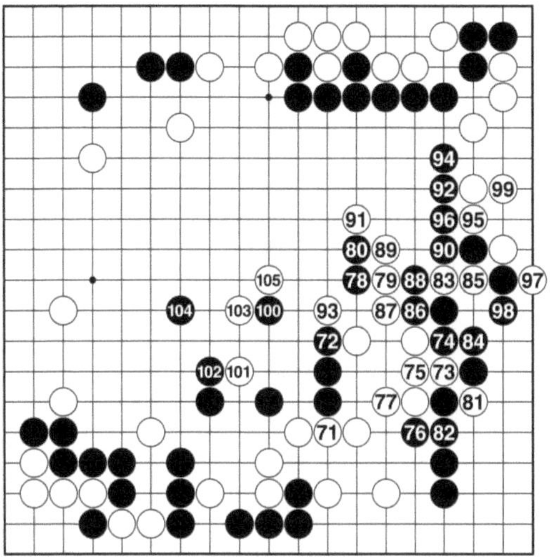

Figur 3 (71–105)

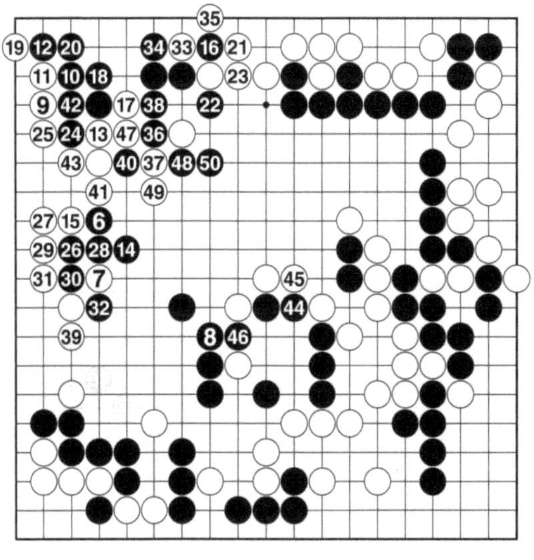

Figur 4 (106–150)

Unosuke (Schwarz) gewinnt mit 7 Punkten. Züge nach 150 nicht überliefert.